地域を育てる普通の会社

ドメイン経営／地方小都市からのメッセージ

塩谷未知 shioya michi
小原昌美 kohara masami

新評論

はじめに

自分からは何もせず誰かに頼ろうとばかりするから生き残れないのだし、人に頼っているとうまくいかなかったときに裏切られた気持ちになるから腹が立つ。極論すれば、困ったときには誰も助けてはくれないし、また人の手助けなどそう簡単にはできないものである。国に対しても含め、他力本願でやろうとするから、当てが外れたとき、こんなはずではなかったと他人や社会を恨んだりする。他者に依存してばかりでは、前向きなことは何も始まらない。そんなことを改めて強く感じた一〇年であった。

護送船団方式に護られた大手銀行の一角が破綻するとは誰もが思いもしなかった。今だからこそ客観的に言えるけれど、あのときはその破綻の場面を頭ではなく肌で感じさせられる立場にあった（当時は金融系コンサルティング会社に在籍）。経営の行き詰まりが報道された最初の頃は、それまで疎遠であった友人からさえ心配の電話がかかってきた。しかし、事態が深刻になってくると、再就職などを頼まれては困るとばかりに、誰も近づいて来てくれなくなった。

「失われた一〇年」と言われたこの一九九〇年代の経済低迷期、私の周辺では「誰かが助けてくれる」という楽観主義者、「どうせ何をやっても」という悲観主義者、「少しでも先が見えるところまで進もう」という現実主義者たちが三者三様同じ苦境の中にあったが、現在生き残って活躍しているのは現実主義者であろう、といっては言い過ぎだろうか。何ものも当てにせずに少しでも見通しが立つところまで進もうと努める、そして一歩でも前に進めばもう少し先が見えてくる。活路はこうした一歩の連続によって開かれていく。

経営コンサルタントとしての活動が四半世紀にわたり、その間経営者、管理者の人々との多くの出会いがあり、感じることが多かった。特にここ一〇年間は、それまでの大手企業との付き合いに加えて中小企業関係の方々との関わりが増え、活動の場面が拡がった。酒税アップ問題や蒸留粕の海洋投棄問題で揺れる本格焼酎メーカーへの経営アドバイス、地域ブランドづくりや地域の二世経営者の育成支援、あるいは国のベンチャー育成策を陰で支える新規起業家たちへのアドバイス等々で、日本中を走り回ってきた。こうした根無し草のような活動で日本全国を走り回る一方、私は信州伊那谷の駒ヶ根市で地元の人たちの〝元気〟に勇気づけられながら、一〇年間「テクノネット駒ヶ根」およびその中の「企業ドメイン研究会」という異業種交流の取り組みを、地に足をつけた形で続けてきた。この種の異業種交流事業は、一時期全国的に流行ったもののほとんど成果を出さずに終わることが多いようだが、その活動が駒ヶ根では一〇年間続いてきた。リストラ、倒産不安、目先の再生策、そして銀行の貸し剝がしなどへの対応に追われる中小企業があとを絶たない中、必ずしも「今日の収益」には直結しない活動が一〇年間続いた。それは奇跡であるといっても過言ではない。

本書は、文献やデータを読み込んだロジカルな組立でなく、日本中を走り回りながらさまざまな人々に出会った経験を下敷きに、駒ヶ根という地方小都市のごく普通の企業とやりとりを積み重ねる中で見たり感じたりしたことを、素直にまとめたものである。

私が経営コンサルティング活動を通じて実感している「生き残り企業の特徴」は、基本的には、自社の軸足、アイデンティティ、すなわち本書の主たるテーマである「ドメイン」（生存領域）を常に意識し、「他者に依存しない、頼らない」行動基盤を持っていることである。「ドメイン」がしっかりしていないと、ビジネスチャンスやリスクへの対応は自分の判断ではなく周囲の判断を見てからとなり、常にワンテンポずつ遅れていく。冒頭から俗っぽいたとえで恐縮だが、カラオケで他人の持ち歌に合わせて唄うときを思い出すと実感できるだろう。自分の軸足とも言える唄い込んだ持ち歌ではないので、他人の出足に合わせざるをえないから必ず一拍遅れる。最初の一拍の遅れが経営資源の少ない中小企業には致命傷になることが多い。大企業なら、遅れてもその後の物量作戦で追いつくことができ、また、日頃付き合いのある銀行や取引先の支援を受けて経営危機から脱出することも可能だが、中小企業はそうはいかない。

「ドメイン」は自社のアイデンティティであり、生存領域を規定するもので、それを規定するには「わかりやすさ」とともに一種の「あいまいさ」が求められる。あいまいさがないと、ビジネスチャンスの情報に接しても柔軟に感じ取ることができない。古くは鉄道会社が「自分たちの事業は鉄道事業」と限定的に規定したが故に、トラック輸送への展開ができず、衰退した事例があげられる。この場合、自らを「鉄道会社」ではなく、「物流会社」あるいは「輸送会社」と規定すれば違った展開が考えられた。もっとも、ドメインを一時期流行った「総合生活産業」と規定してしまっては、概念の広げすぎといえる。

ドメインという自分の軸足がないと、限られたヒト・モノ・カネという経営資源を分散して投入してしまい、何ら強みがない企業になってしまう。また、鉄道会社の事例のようにビジネスチャンスを感じ取る力が無くなり衰退してしまう。自前のドメインを規定した上で大切なのは、まずははっきりとそれを社内外に宣言することである。宣言というアクションを起こすと、批判者と賛同者が必ず出てくるが、この両者はドメインと企業を育てる力になる。

また、他人任せで動くと、結局は判断が遅れるだけでなく、ビジネスチャンスやリスクを感じる感性も鈍ってくる。感性とは、多くは感じたり考えたり行動したりすることを積み重ねることで身につく後天的なものである。自らの軸足をしっかりと持ち、自らの手で実践していかないと、そう簡単には身につかないものである。

本書で紹介する駒ヶ根の企業は、世の中に喧伝されているいわゆる「小さなグローバル企業」「グローバルニッチ企業」「オンリーワン企業」ではない。駒ヶ根は最近でこそ高速道路も整備され、行動半径の広がりをみせてはいるものの、そもそも日本の屋根である南アルプスと中央アルプスを東西に頂いた伊那谷地域の小都市であり、本書ではそこに根を張った、地方にはどこにもありそうなごく普通の小さな会社やお店を紹介している。しかし、いわゆる「失われた一〇年」を、立ち止まらず現実を見据え、一歩一歩地道な努力の積み重ねによって生き残った企業でもある。また、駒ヶ根という土地も、そういった企業を育て、そして時に企業に育てられることで生き残った地域だといえる。

この駒ヶ根地域での一〇年の取り組みを報告することで、本書では中小企業の潜在力を顕在化させるドメインや、それを掘り起こす地域力との関わりなどを再評価しようと試みた。そして本書には、全国の中小企業経営者や管理者、地域の産業振興政策の企画立案推進を行っている行政パーソンなど多くの人たちに役立ててほしいという思いが込められている。その意味で本書はごく普通の企業の経営戦略やドメイン経営の指南書として、あるいは人材育成によって地域の活性化を目指そうとするリーダーたちの参考書としてお使いいただける本となっている。

本書が誕生するにあたっては、まず異業種交流活動「テクノネット駒ヶ根」の創始者である芦部次郎さん（当時天竜精機株式会社社長、駒ヶ根商工会議所副会頭）との出会いが大きかった。彼との出会いがなければ企業ドメインについて一〇年以上考え続けることはなかったと思う。残念なことに芦部さんは二〇〇三年九月二六日に七三歳の若さで永眠された。改めてご冥福を祈り、本書を故人の墓前に捧げたいと思う。また、本書の出版計画に心から賛同し応援して下さった多くの方々、とくに「テクノネット駒ヶ根」代表幹事の山下善廣さん（株式会社駒ヶ根電化社長、駒ヶ根商工会議所副会頭）、同じく幹事の北林友和さん、岩切康治さん、鈴木明さん、小池長さん、林茂男さん、塩澤和彦さん、山下勉さん、田中康文さん、増沢良雄さん、そして、参加企業や地元の皆さんに心からお礼を申し上げたい。また、「テクノネット駒ヶ根」の事務局を担当された三枝徳夫さんをはじめ、駒ヶ根市の商工観光課と商工会議所の皆さんにもお世話になった。さらに私の勤務先である価値総合研究所の同僚からも貴重なアドバイスをいただいたし、新評論の山田洋さん、吉住亜矢さんの協力があってはじめて本書は出来上がった。心から感謝の意を表したい。

なお、本書は「テクノネット駒ヶ根」の事務局を創設時から担当している駒ヶ根市商工観光課の小原昌美との共同執筆である。彼との共同作業がなければ本書の完成はなかったことを付言したい。

二〇〇七年五月

著者の一人として　塩谷未知

地域を育てる普通の会社／目次

はじめに　1

序章　「ドメイン」とは何か……15

「二一世紀ビジョン」づくりの中での「ドメイン」との出会い　15
企業を語るにはドメインが必要　17
ドメインを語り、宣言し、実行する　18
ドメインを持つ会社は軸足がブレない　20
ダメな売場は毎日変わる　21
会社の姿をオープンにする　23
本書の構成　24

第1章　経営におけるドメインの意義と効用……26

生き残る企業の特徴　26
ドメインと器用貧乏　29

ドメイン経営は中小企業ほど有意義である 31
経営者は自社のドメインを考え語ることが必要 34
経営におけるドメインの効用 37

第2章 ドメイン検討の視点 41

自社の生い立ちや歴史の再認識（第4章） 44
顧客の評価をもとに事業を再定義する（第5章） 46
「やりたいこと」を軸に据えた経営戦略（第6章） 48
地域社会との共鳴（第7章） 51
顧客への提供価値（モノ・コト・ココロ） 52

第3章 テクノネット駒ヶ根の活動 57

「テクノネット駒ヶ根」の生い立ち 58
五つの課題と危機感の高揚 62
「テクノネット駒ヶ根」の運営スタイルの特徴 65
「テクノネット駒ヶ根」の事業内容 68
一〇年間の活動を振り返って 70
「企業ドメイン研究会」の活動 72

第4章　自分たちの生い立ちと歴史に学ぶ……77
高度成長期以降のマネジメントの変遷　78
社員の心と使いこなした技術を大切に――株式会社駒ヶ根電化　80
事業構造の大変換――ナパック株式会社　82
誠を尽くして事を為す――天竜精機株式会社　85
快適空間の創造――株式会社ヨウホク　90
過去の製品を展示し歴史に学ぶ――株式会社トキワ電機　92
楽しいカーライフの提供――株式会社信濃屋自動車販売（ホンダプリモ駒ヶ根）　95
顧客構造の転換――有限会社駒ヶ根ボテー工場　97
本格焼酎で信州に新しい食文化を――薩摩おごじょ　98
「ほっとする温かさ」の宿の歴史――有限会社ホテルあさひや　102
山あり谷ありの歴史に学ぶ――株式会社五十鈴　104

第5章　顧客評価をもとに事業の再定義……107
モータを軸とした問題解決を提案――株式会社ウィンベル　109
独立一貫生産の電子部品――ＩＡＭ電子株式会社　112
トラック運送業から物流サービス業へ――上伊那貨物自動車株式会社　114

地域密着の内装サービス事業――株式会社北原商事 117
スキルと恒心のものづくり――株式会社塩澤製作所 120
生産管理システムとロジスティクスの構築――伊南電器株式会社 123
高精度技術を再現するプロセスづくり――株式会社ハヤシ 125
デジタル化と心意気で情報発信支援――株式会社宮澤印刷 128
顧客満足度一〇〇％のパッケージング――株式会社ミコマ技研 130
丁寧な仕事と堅実さでファンを獲得――開陽工業 133
質実剛健の「製造サービス業」――日精技研株式会社 136
地元に愛される温かい宿――有限会社西山荘 138

第6章 「やりたいこと」を軸に経営戦略とドメインの検討 …… 141

酒造りはまちづくり――酒造株式会社長生社 143
木材業界にもＱＣＤの発想を――菅沼木材株式会社 147
森のいのちを暮らしの中に――唐澤建具店 150
和紙の豊かな可能性を提案――有限会社古島屋 152
顧客に夢を与える伊那紬――久保田織染工業株式会社 155
よりよい生活環境をつくるトータル・サービス――株式会社ビジニナル・サービスセンター 158
「包む」を軸に地域資源の高付加価値化――株式会社長野デラップス 160

「おやつ&スイーツ」ソリューション——株式会社北川製菓 163
オートバイ大好き人間集まれ——駒ヶ根モータース 166

第7章 地域社会との共存共鳴 …… 170

地域の食を支える——株式会社マルトシ 171
顧客第一主義の住宅相談所——株式会社小林工業所 174
地元のコミュニティ・スペース——駒ヶ根グリーンホテル 177
駒ヶ根の食文化向上を目指して——割烹いわたや（合資会社岩田屋） 179
生活なんでも相談企業——有限会社田中燃料店 182
「地域に文化を」を原点に——株式会社玉屋 185
地域のカーライフを総合サポート——松井自動車工業株式会社 187
地元のカーステーション——駒ヶ根自動車産業株式会社、伊南自動車工業株式会社 190
中小企業を総合的にサポート——堀内睦税理士・司法書士事務所 194
地域参加する空気圧機器メーカー——株式会社コガネイ 198
地元の味を全国に発信——レストハウスこまがね（丸大食品工業株式会社） 200

終　章 地域力とドメイン経営の共鳴 …… 203

地域力のベースとなる三つのC 204

地域から逃げないこと、地域のために行動すること　206
ドメイン経営と地域の未来　208

資料

駒ヶ根市のプロフィール……211
概要　211
自然と観光　212
人口・世帯　212
まちの歴史　213
産業構造の現状と変遷　214
地域活動と地域力　216

あとがき　218

地域を育てる普通の会社

ドメイン経営／地方小都市からのメッセージ

序章 「ドメイン」とは何か

経営者は自分の会社の魅力を社内外に語り伝えることが大切である。そのときに拠り所になるのが、「ドメイン」という概念である。ドメインは会社の方向感であり、生存・活動領域や提供価値を「わかりやすく」「あいまいな」言葉で定義したものである。

「わかりやすく」「あいまいな」というのが厄介なところであるが、そこにドメインの本質がある。自分の言葉でドメインを社員や取引先などに語り続けていくと、「わかりやすく」「あいまいな」言葉故に、様々な情報やビジネスチャンスを吸収し成長していく力がドメインにはあるのだ。序章では、筆者の経験を交じえつつ、「ドメインを持つ」とはどういうことかを解説する。

筆者の一人である塩谷とドメインという言葉との付き合いは二〇年を超える。一九八〇年代に盛り上がった「二一世紀ビジョン・ブーム」に関わったことが最初の出会いである。

「二一世紀ビジョン」づくりの中での「ドメイン」との出会い

二一世紀まで残すところあと一五年ぐらいになった一九八〇年代の中頃、それまでの現状延長線型の中・長期経営計画の限界が明らかになりつつあった。その結果、「一五年後の会社」という近未来のビ

図表序—1　1980年代後半〜90年代前半の「21世紀ビジョン」の例

企業名	プロジェクト名	目指す企業イメージ
ライオン	ATTAC 100	「健康生活産業」
富士写真フイルム	VISION-1 計画	「イメージング・インダストリー」(総合映像情報産業)
オリンパス光学工業	経営10年計画	「Fresh & Excellent」(若々しい優良企業)
キリンビール	長期経営構想	「生活価値産業キリンビール」
日本水産	近未来構想	「世界にまたがる水産メジャー」
日本郵船	NYK 21	「総合物流企業」(Logistics and Mega Center)
大阪ガス	2000年に至る長期経営プラン	「総合生活産業」
立石電機(オムロン)	GOLDEN 90's	「社会を豊かにおもしろくするオムロン」

出所：各種資料をもとに価値総研作成

ジョンを、その頃に幹部になっているはずの年代の社員を中心に考えようという、「二一世紀ビジョン」づくりが盛んに行われた（図表序—1）。なぜ「一五年後」かといえば、五年先というスパンでは現状延長線型の考え方しか出てこないし、かといって二〇年、三〇年後では空想の世界となり現実味が乏しいからである。そして、一五年先には引退している幹部社員がビジョンを考えるのでは無責任だ、ということで、業務内容に精通している中堅社員が考えるというのが、多くの会社に共通するやり方であった。それに、「あと一五年で二一世紀」という時間の区切りがちょうど良かった、ということもあった。

その後実際に二一世紀に入り、当時の二一世紀ビジョンの実現・達成度、参画したメンバーの成長を実感できるのは幸せなことである。一五〜二〇年を経て、ビジョンすべてが実現されているわけではないが、プロジェクトで検討した内容や検討プロセスが下敷きになってグローバル戦略や流通戦略、技術戦略が推進されているケースが多い。そして多くの企業で、ビジョンづくりに参画したメンバーが現在経営の中枢を担っていることは紛れもない事実である。

それは、もともとビジョンづくりのために集められたのが将来の幹部候補社員だったからであるともいえる。しかし、その後二〇年間続いた彼らとのお付き合いの中で感じるのは、若い時期に会社の方向感を仲間と共に必死になって考えたという経験が非常に大きな財産となっていることである。実務を担うビジネスパーソンは、有能で会社から大きな期待を寄せられている人ほど、目先の問題解決に追われる。しかし、少し中長期的視点および会社全体を見る視点を持つだけで劇的に意識や行動が変わり、彼らの多くは何年か経つと優れたリーダーシップを発揮するようになった。

塩谷はこの二一世紀ビジョン策定プロジェクトを支援した時、「ドメイン」という言葉をプロジェクトのメンバーとはじめて本格的に議論した。それからすでに二〇年の月日が経っている。クライアントと一緒にドメインを考えているうちに、私自身が自分のドメインを忘れてしまい、世の中に振り回されたことも無くはない。しかしそれがかえってドメインの重要性を再認識させることにもなった。

企業を語るにはドメインが必要

中小企業の経営者にとって大切な能力の一つは、自分の会社について「語る力」である。自社の売り物や目指す方向、マネジメントで大事にしている価値観、多少の逆風をも乗り切るだけの意志、これらを「自らの語りや行動で示す」力である。生来語ることがうまく、話で人を引きつける経営者もいるが、一方で寡黙でシャイではあっても、内面からほとばしる「語り」をその存在だけで表現できる経営者も多い。

最近よく「オンリーワン企業になろう」という標語が言われるが、この「語る力」で「あの会社はすごい」と言われるようになってはじめて得意分野の仕事や情報が集まり、その仕事をたくさんこなしていくことでオンリーワン企業となることができる。中小企業では、時間と費用をかけて前もって研究開発をし、その技術を蓄積し売り物にすることは難しい。自分たちの売り物や方向性を語り伝えて、少し背伸びして仕事を受注し、形にするという挑戦を何度も繰り返していくことで、はじめて得意技を持った抜きんでた企業になることができる。

じっと黙っていてもヒト・モノ・カネが集まらないのが中小企業である。だからこそ、経営者の「語り」で取引先や社員を動かし、ファンにする能力が大事になる。この能力は生まれつきのものではなく、自分の会社について繰り返し語り、それを仕事で少しずつ実践することで身につく後天的なものである。この「語る力」は、ヒト・モノ・カネという目に見える経営資源に限りのある中小企業では、「見えない経営資源」として最も大事なものである。

ドメインを語り、宣言し、実行する

そして、この「語り」において最大の拠り所になるのが、「ドメイン」という概念である。ドメインについては今後何度も出てくるのでここで簡単に述べれば、会社の方向感、生存・活動領域、提供価値などをわかりやすく、かつあいまいな言葉で言い表したものである。そしてドメインには、社員や取引先に語り続けていくなかで、様々な情報やビジネスチャンスを吸収し成長していく力があり、「自社のドメインは何か?」と日々の活動の中で意識することによって、経営に「軸」ができていくのである。

ドメインという言葉を経営者が意識し語り続けることは、ドメインを仲間や顧客に宣言し、その中味を実行していくことを意味する。これがなぜ大切かというと、語り・宣言・実行によって「あそこはこの分野の仕事をやっている」と認知され、情報が集まってくるからである。「笑う門には福来る」と同様、お金と情報、そして元気はドメインが明確な会社に集まるのだ。初めはドメインが明確でなくても、ドメインを意識し、語ることから経営者の役割は始まる。そこに情報やビジネスチャンスが集まり会社が育つという好循環が始まるわけだ。

経営者がドメインを意識し語ることができない会社は、形式的には株式会社でも家業の域を超えられないことが多い。そうなると事業は自ずと一人分の仕事量と範囲にとどまってしまう。明日の成長につながる仕事をなかなかこなすことができない一人仕事では、安定と継続を生み出すことは難しい。多めの仕事が入るとそれに追われ疲れてしまうし、その間、その日の業務をこなすことで精一杯となり、明日に向けての営業や技術蓄積に時間を割くことができなくなるからである。

また、小さな会社ほどコミュニケーションが良いと思いがちだが、実際は、一人では仕事ができない仕組みになっている大企業の方が組織としてのコミュニケーションは活発である。しかも中小企業の人たちの中には、「他人とできるだけ接触したくないから小さめの会社を選んだ」という人が残念ながら少なくないことも、中小企業のコミュニケーションの悪さの一因である。だからといって、コミュニケーションの悪さを容認してはいけない。会社が会社として存在し、顧客に付加価値を提供するには、（家族経営も含め）どのような小さな会社であろうと、コミュニケーションによる知恵出しが重要である。そして、コミュニケーションの活発化には、ドメインを意識した経営者の「語り」が土台として必要になることは言うまでもない。

ドメインを持つ会社は軸足がブレない

経営者の言うことが毎日変わるようでは、会社の軸足の不安定さを内外に宣伝するようなものである。顧客や取引先もこれでは何を信じてよいかわからないので警戒してしまい、ビジネスチャンスも情報も集まってこない。

たとえばオリンピックで、日本期待のマラソン選手が走っている場面を想像してみよう。テレビでレースを見ていると、素人目にも選手の調子の良し悪しはよくわかるだろう。調子が良いときは走り方が安定していて姿勢や軸足がブレないからである。つまり、調子が出ないときのマラソンランナーは、帽子やサングラスを直したり、ポジションを変えたりとなかなか落ち着かない。長時間走るフルマラソンでは体力と気力の闘いだけでなく駆け引きも大事なので、ライバルはそのような彼（彼女）の状態を敏感に察知し、三〇キロメートル過ぎの勝負どころで、絵に描いたように自信を持ってスパートをかけ一気に突き放すだろう。

企業経営の場合も同じ現象が見られる。経営に自信が無く、軸足＝ドメインが明確でないときは、打ち手や行動が不安定になり、ライバルだけでなく社員、顧客そして取引先もそれを敏感に感じてしまう。「この経営者は迷っている。自信がない」と感じると、顧客はその会社からの提案を即座に受け入れることができない。「また方針が変わるかも知れない」「この会社は大丈夫なのか」という不信にかられ、顧客は判断を留保するだろう。このタイムラグが積み重なると、ビジネスチャンスに対して一歩ずつ遅れが蓄積され、致命傷に至ることもある。

社員もそのような経営者の指示には多少疑心暗鬼になり、うわべは実行しようとするものの、精一杯取り組もうとはせず、あと一歩のところで手を抜いてしまう。これは意識的にサボっているわけではなく、無意識のうちにあと一歩を超えることができない状態といえる。この一歩が実は重大なのである。この一歩を積み重ねることが顧客からの評価につながり、その結果、たとえば技術的には難しいけれど付加価値を生み出すようなやりがいのある仕事を受注することができ、良い循環に入っていく。

ダメな売場は毎日変わる

今度は百貨店の売場を事例にドメインを考えてみよう。百貨店が精彩を欠いて久しい。かつては多くの人がワクワクしながら買い物に行ったものだが、最近は「何でもあるようで何もない」百貨店に顧客は満足しなくなっている。一方、カジュアル服や玩具、家具や家電の専門店など、「あそこに行けば何とかなる」店、つまりコンセプトがはっきりしたカテゴリーキラー（特定分野の商品群において圧倒的な品揃えをし、低価格大量販売をする小売業）に人が集まる。それは、自分たちの提供商品領域すなわちドメインが明確で、なおかつそのドメインを深掘りしているからである。

それでも最近は価格破壊の激安商品に飽き足らない高級志向の顧客も増えてきたせいか、百貨店も少し元気がよくなり、顧客への提案が少しずつ安定してきた。一時期の百貨店は、顧客への提案つまり商品の陳列が安定しなかった。売れないなら少しでも売れるようにと売場の品揃えや陳列を変えるのは、売場責任者の自然の心理であり当然の行動である。しかし、それは不調のマラソンランナーの落ち着きのない状態とよく似ている。

売場の状態が変わると、馴染み客ほど困惑する。いつもの売場に来たものの配置が変わっていて、あったはずのところに欲しいものがなく探すのに一苦労する。やっと新しい売場を覚えたのに、次に行くとまた変わっている。よほどその百貨店のファンでもない限り買い物が面倒になってしまう。また、消費者は百貨店が売れ行きが伸びず苦戦していることを感じ取るものである。流行っていない、元気のないお店での買い物は楽しくないから足が遠のくし、また、売上が悪いらしいからそのうちバーゲンがあるはずと見越して買い控えをする。そうなると、付加価値がとれるはずの商品が、バーゲンでしか売れないものになってしまう。

百貨店にも全体のコンセプトつまりドメインがあり、各売場の品揃えにもドメインがある。そのドメインがはっきりせず軸足がブレていると、顧客はとまどってしまうし、お店が提供しようとしている価値も伝わらない。

売場の商品配置を変えずに旧態依然で良いというのではないが、充分な検討の末に変えたのなら、しばらくはじっくり継続して顧客の支持を集めることである。自分たちの思いで売場を変えても、顧客にその思いが伝わるには時間がかかる。売場やお店の提案を顧客が理解するまでには、週一度の来店でも数週間はかかるに違いないので、効果が出るまでには何カ月かかかるだろう。それまで待てずに品揃えや配置を変えてしまうと、多くの顧客にとっては「行くたびに売場が変わってしまうため買い物のしづらい店」、「お店の提案が見えない店」、「自分のライフスタイルや価値観に合わない店」となってしまう。

頑固さという性質は、頑迷さとちがって一概に否定できない。自分たちの提供価値や生存領域（＝ドメイン）を決めるまでは、あれこれ試行錯誤するのは大切なことだが、一度決めたらそれを宣言し、じっくり気長に実行していくべきである。そうすると、周囲からいろいろな反発や提案が集まってくる。自分が使いこなした言葉で練り上げたドメインなら、反発や賛同を吸収しながらドメインそのものが成長していく。

会社の姿をオープンにする

近年「ＩＴ社会」の本格化と並行して個人情報保護が社会的な話題となって以来、私たちはますます自分の情報を出さなくなってきている。知り合ってもお互いに情報を出すことに慎重になるので深い関心の持ちようもなく、不干渉・無関心が高じて冷めた人間関係になってくる。しかし、企業経営に情報の過度の出し惜しみは禁物である。誰しも自分の個人的なことを他人にさらけ出すのにはためらいがあるだろうが、こと会社に関してはできるだけオープンにした方が、社員、顧客、取引先の理解が深まり、結果的にビジネスチャンスや情報が集まってくる。

地域や産業内における自社の役割、すなわちドメインを検討の上おおよそ設定したら、それを自分の言葉で、できるだけ多くの人に（それこそ会う人ごとに）、会社の姿をさらけ出すつもりで語りかける。その時に、ドメインの主軸は日々変わらないことが大切である。語る内容が年中変わるのでは、人に語りかけていくなかでドメインが深まり成長するというプロセスが成り立たなくなってしまうからだ。

本書の構成

本書は図表序―2に示すように、大きく分けて四つの部分から構成されている。まず第一は企業経営におけるドメインの解説である（序章、第1章、第2章）。ここではドメインの概念や意義と効用、そして実践にあたって会社のどのような特徴をいかにドメインとして設定するかなどの要点が、自社の歴史、顧客の評価、経営者の意思、地域社会との共鳴という視点から提示される。

第二は「テクノネット駒ヶ根」による異業種交流活動の内容（第3章）と、その活動が行われてきた地方小都市、長野県駒ヶ根市の概要（資料）である。

第三は「テクノネット駒ヶ根」に参加した地元の普通の会社によるドメイン経営の実践を、個別企業ごとに紹介した部分である。すなわち、第4章では自社の歴史にイノベーションのきっかけを見つけた企業、第5章では顧客評価をもとに事業を再構築した企業、第6章では「やりたいこと」（自分の意思）を軸に据えてドメイン経営に挑んでいる企業、第7章では地域社会との共存共鳴をめざして事業を展開している企業、が取り上げられる。

最後は全体のまとめである（終章）。ここでは「地域力」とドメイン経営の関わりについて議論される。

以上四つを柱に、「ドメイン」というコンセプトが持つ奥行きと可能性の拡がりについて、読者の皆さんとともに考えていきたいと思っている。

図表序―２　本書の構成

Ⅰ．企業経営におけるドメインの解説

- **序章：「ドメイン」とは何か**
  - ―経営者は自社について明確に語ることが求められる
  - ―その場合に有効なのがドメインという概念である
- **第１章：経営におけるドメインの意義と効用**
  - ―企業経営におけるビジョン、ドメインの具体的な位置づけ
- **第２章：ドメイン検討の視点**
  - ―①生い立ちと自社の歴史の再認識　②顧客の視点に立って提供価値を見直す　③「やりたいこと」を優先した経営戦略　④地域社会との共存共鳴

⇒ **顧客への提供価値の全体（モノ・コト・ココロ）でドメインを定義する**

↓

Ⅱ－a．普通のまちのユニークな活動

- **第３章：テクノネット駒ヶ根の活動**
  - ―普通の地方小都市である、信州駒ヶ根市での10年に及ぶ独自の異業種交流活動「テクノネット駒ヶ根」について紹介
  - ―その主要な活動である「企業ドメイン研究会」のコンセプトや事業内容について紹介

Ⅱ－b．駒ヶ根市の概要

- **資料：駒ヶ根市のプロフィール**
  - ―長野県南部、伊那谷の中央に位置する人口３万4000人の田園工業都市の特徴
  - ―まちの歴史、産業構造、「地域力」を紹介

↓

Ⅲ．ドメイン経営の実践

- **第４章：自分たちの生い立ちと歴史に学ぶ**
  - ―自社の歴史にイノベーションのきっかけを見つけドメインを発想した企業（10社）
- **第５章：顧客評価をもとに事業の再定義**
  - ―自分たちの提供価値を素直に見つめ直しドメインを発想した企業（12社）
- **第６章：「やりたいこと」を軸に経営戦略とドメインの検討**
  - ―環境変化があっても不変である経営者自らの意思「やりたいこと」を基にドメインを発想した企業（９社）
- **第７章：地域社会との共存共鳴**
  - ―地域社会を快適・豊かにすることで地域との共存共鳴を図りドメインを発想した企業（12社）

↓

Ⅳ．まとめ――地域との関わりとドメイン実現

- **終章：地域力とドメイン経営の共鳴**
  - ―普通のまちの普通の会社によるドメイン経営実践についてのまとめ
  - ―同時に、その活動により人材が育ち、企業が活性化し、駒ヶ根市の地域力が向上したことを紹介し、地域活性化に果たすドメイン経営の役割を考察

第1章　経営におけるドメインの意義と効用

企業にとって生き残るために大事なことは、現実から目をそらさず現実に向かっていく力である。そして、先行き不透明な時代、少しでも見える一歩先のことに現実感をもって挑戦し活路を開くには、自分の「気づき」と判断を大切にすることである。
この「気づき」や判断の拠り所となるのがドメインである。ドメインは企業活動の方向感を示すビジョンのなかで最も重要なもので、ドメインを持つことで環境変化に俊敏な対応ができるようになる。生き残りのためには、機敏な判断でリスクを減らしチャンスを形にするという積み上げこそが求められる。

序章では、企業経営におけるドメインの役割やその重要性について概説した。つづいて本章では、企業経営におけるドメインの具体的な意義と効用について考えてみよう。

生き残る企業の特徴

図表1―1に、生き残る企業の特徴をまとめてみた。良い会社、伸びる会社、生き残る強い会社に共通して備わっているもの、それは、まずどれほど経営が苦しくても現実から目をそらさずその現実に向

図表１—１　生き残る企業の特徴——軸足のしっかりした経営

①明確なドメインを核としたビジョン（企業理念、目標及び行動指針）があり、社内に浸透・共有されている。世の中の「良いとき」「悪いとき」の動きに振り回されない**軸足経営**（リアクションでなくアクション）。

②ビジョンを常に明確にし、隠し事をせず**宣言実行**。

③昨日の経験を語り、明日の目標を語り、そして**今日実行すべき仕事**を語る。それらが社内外で共有され、しつこく実行されている。

④**社内外での上下左右のケア＆コミュニケーション**が活発（Ｅメールを交わしていればよいというものではない）。

⑤不器用にドメインを**深掘り**する（器用貧乏にならない）。

かっていく力である。先行き不透明な時代、少しでも見える一歩先のことに大胆に挑戦し活路を開くには、「気づき」や判断、行動の基準となる軸足が不可欠である。この軸足がしっかりしていないと世の中の変化に振り回され、結果的に何も身につかないことになってしまう。

序章で何度か触れたように、この軸足がドメインである。そして、明確なドメインを核としたビジョン（企業理念、目標及び行動指針）が社内に浸透・共有され、その結果、チャンスやリスクに対して俊敏な対応ができるようになる。日々の経営活動のなかでチャンスやリスクが一切訪れない会社はあり得ないので、機敏な判断でどれだけリスクを減らしチャンスを形にするかが企業の生き残りにとっては重要になる。

ドメインという軸足をしっかりと持ち、世の中の「良いとき」「悪いとき」に振り回されず、環境変化に受け身で反応する（リアクション）のではなく、環境変化に働きかける（アクション）のである。顧客への対応ひとつとっても、リアクションとアクションでは、対応スピードや費やすヒト・モノ・カネなどの経営資源に大きな差が出ることは誰しも感じていることである。さらに率直に言えば、アクションとリアクションでは徒労感が全く違ってくる。顧客の言うがままに振り回されていては忙しいだけで付加価値は生まれない。顧客の考えていることを少しだけ先取りして提案すれば（アクション）、顧客の満足度も高くなり付加価値もより一層大きくなるものである。

また、ドメインを行動に結びつけるためにわかりやすく具体的に示したビジョンを、社内外で宣言し実行しているのも生き残る企業の特徴である。世の中に自分たちのビジョンを宣言し実行することで情報が集まり、それに従ってビジネスチャンスが増える。「困ったときにはあの会社に行けば何とかなる」ということの積み重ねで、ドメインを核としたビジョンが具現化するわけである。

ビジョンの宣言実行は、経営者や企業の持つ考えや行動が社内外によく伝わる「顔の見える」企業になることにつながる。たとえ財務的にはまったく申し分のない優良企業であっても、「あの会社は何をしているのかわからない」という「顔の見えない」企業は、長い目で見て生き残りは難しい。

現実から目をそらし目の前の嫌なことから逃げている管理者や経営者は、人前に出ると業界話や世間話でお茶を濁し自分の会社について語ることは少ない。また、自社について語るにしても「昨日の自慢と明日の夢」のような話ばかりで、ビジョンを実現するための「現在」「現場」「現実」の話を避けることが多い。昨日の経験を語り、明日の目標を語り、そして今日実行すべき仕事を語る、さらにそれらが共有され、社内外に宣言されしつこく実行されている、そのような企業文化を持つ会社が生き残っている。

最後にもう一つ、生き残る企業の特徴としてコミュニケーションの良さが挙げられる。とにかく社内外における上下左右のケアとコミュニケーションが活発である。それは、必ずしもEメールなどのコミュニケーション・ツールの活用とは関係ないもので、社内の人間関係、市場、顧客、世の中の流れに対して関心と気づきをもったコミュニケーションに優れている。また、そうした企業は意思疎通の有効な仕掛けを常に考え、必要に応じてその仕組みを変えている。

ドメインと器用貧乏

世の中には、何でもそれなりに器用にこなすが、まさにそれゆえにひとつのことに集中できず大成できない器用貧乏ということがある。何をやってもそつなくこなすが、抜群の一番ではないから、俗な言い方をすれば器用さをお金に結びつけることができない。たとえるなら、そういう人の作ったものは、タダならもらってもいいがお金を払ってまでは欲しくないといった出来映えの趣味レベルの作品である。

器用貧乏の人が売り物をつくると考えてみよう。なにしろ一通りのことはできるから、最低限必要となる二〇%の努力やお金や時間の投資で、まあ八〇%くらいの出来映えの商品や作品にはなる。しかし、お金につながる売り物（付加価値のある商品）にするには一〇〇%以上の出来のものをコンスタントにつくらなければならない。そのためにはそこそこの商品をつくる労力の何倍もの努力が必要だ。器用貧乏と言われる人はこの努力をしないし、他にもいろいろできるから目の前のひとつことに全身全霊を傾けようとしない。とことん突き詰めることなく、自己満足し逃避してしまう。これが器用貧乏の本質である。

同じように、顧客に恵まれ技術もあるのに、器用貧乏としかいいようのない企業も現に存在する。顧客から頼まれた仕事はどのようなことでもそつなくこなす。これはこれで大事な能力なのだが、明日の成長につなげる収益を得るには、技術でも何でも一定の限界を突破する必要がある。

一方、不器用な企業は顧客の多様な要望に対しても不器用な対応となりがちだが、出来ることや出来そうなことに一つひとつ不器用でも誠実に対応しているうちに、気がつくとある特定の分野でトップ水準になっていることがある。この場合は、無意識のうちに自分の会社のドメインを規定し、そこを深耕していることになり、不器用ながら確固たるドメインを持つことになる。

器用貧乏の会社は、目先の仕事をそれなりにこなしていくけれどドメインが明確にならない。生き残り企業に共通して見られるのは、むしろ不器用にドメインを深掘りし、ドメインの具体化に必要な製品や技術（モノ）、仕組み（コト）を地道にしつこく積み上げ、それを繰り返している点である。

一つ具体例を挙げよう。筆者の一人である塩谷は、この一〇年、仕事で鹿児島を何度も訪れた。九州の多くの中核都市は福岡の持つパワーに飲み込まれているように感じたが、鹿児島市だけは福岡から距離的に離れていることもあり、独自の商圏・文化圏をつくっている。その代表例が芋焼酎である。他の地域では日本酒にも手を広げたりしているが、鹿児島だけは頑固に芋焼酎だけをつくり続け、地域もそれを支持してきた。今や鹿児島の芋焼酎の勢いは止まらず、メジャーな酒として市場に定着した。日本中見渡しても鹿児島だけが日本酒をつくっていない。かつては温暖すぎる気候のせいであったが、冷蔵技術が発達してからもつくろうとはしなかった。酒類のメジャーである日本酒で地酒や吟醸酒ブームが起きても、あるいは、たとえ世間から「焼酎なんて」と言われても、鹿児島の人たちは頑固に芋焼酎をつくり、飲み続けた。その頑固さで軸足がブレなかったことが、今日の芋焼酎の隆盛を招いていると言える。不器用さとドメインを考える上で示唆に富む話である。

もし鹿児島の芋焼酎メーカーが世の中の売れ筋に合わせて日本酒の地酒やワイン、リキュールなどを器用につくっていたとしたら、瞬間的にはいい時期が訪れたかもしれないが、多分今日の隆盛はなかっただろう。それどころか、どんな酒でもつくるけれど、結局はいち押しの商品を持たない器用貧乏になっていたに違いない。

ドメイン経営は中小企業ほど有意義である

「後先を考えない、その日暮らしの経営」は確かに楽である。しかし、楽だからといってそれを続けていては、潤沢にあるとはいえない中小企業の経営資源（知恵を含めて）は蓄積されない。その結果、その日暮らし的経営をいつまでも続けることになる。経営資源が無尽蔵でない限り、成長は困難となり、取引先の経営悪化やその他の環境変化によって、企業の生存自体が窮地に陥ることも多くなる。

ここで簡単に、経営戦略におけるドメインの位置づけを再確認する。ドメインは自社の目指す事業領域、存在意義、提供価値などを示すもので「生存領域」ともいわれ、企業経営にとって最も大事な揺るぎなき企業理念・使命（ミッション）を具体化したものである。そしてドメインの設定において重要なことは、リスクの際に判断がしやすい柔軟性と、ビジネスチャンスを感じ取る発想の拡がりを高度なバランスで両立させうるようなドメインでなければならないという点である。そのため、ドメインにはある種のあいまいさが求められる。そしてこのドメインを日常の仕事に反映させるための「事業ビジョン」（具体的な事業領域や目標）、より規範的な将来目標としての「企業文化ビジョン」、組織や経営のあるべき形を示す「組織・プロセスビジョン」を設定し、全体として自社の目指す姿を設定する（「企業ビジョン」）。このような企業ビジョンの構造を図式化したものが図表1―2である。

「毎日忙しくて大変だ。社員の出退勤管理や取引先の納期・クレーム対応、そして月末の資金繰りだけで精いっぱい。これ以上何をすればいいのか」というのが、普通の中小企業経営者の本音である。しかし、酷な言い方をすれば、世の中不思議なもので忙しそうに走り回ってさえいれば、誰も文句はつけないし、自分自身働いた気になり毎日を幸福に送ることができるから楽である。そのようなこともあり、「企業理念」「ドメイン」「ビジョン」「長期経営計画」などの経営やマネジメントに関係する言葉は、中小企業には無縁のものと思われているフシがある。

しかし、それでは、先ほど触れたように、後先を考えないその日暮らしの経営に甘んじていると言わざるをえない。それを続けている限り、顧客や取引先から一目置かれるような企業への変身は難しい。

だらしない経営やマネジメントをすれば、毎日をいくらでも忙しくできる。極論すれば、商品やサービスの納期に遅れたり品質クレームを起こすような仕事をしていれば、「クレームが発生したので」と鉄砲玉のように顧客のところへ飛んで行くこともでき、毎日を忙しく送ることができる。人によっては忙しそうにしているだけで満足することもあるだろうが、これはドメインや経営の軸足を持たないリアクションであり、プロフェッショナルのビジネスパーソン、プロフェッショナル企業の動き方ではない。なぜなら、そのような構え方ではどんなに忙しくても残念ながら付加価値は生まれないからである。

図表1―2　企業ビジョンの枠組みとドメイン

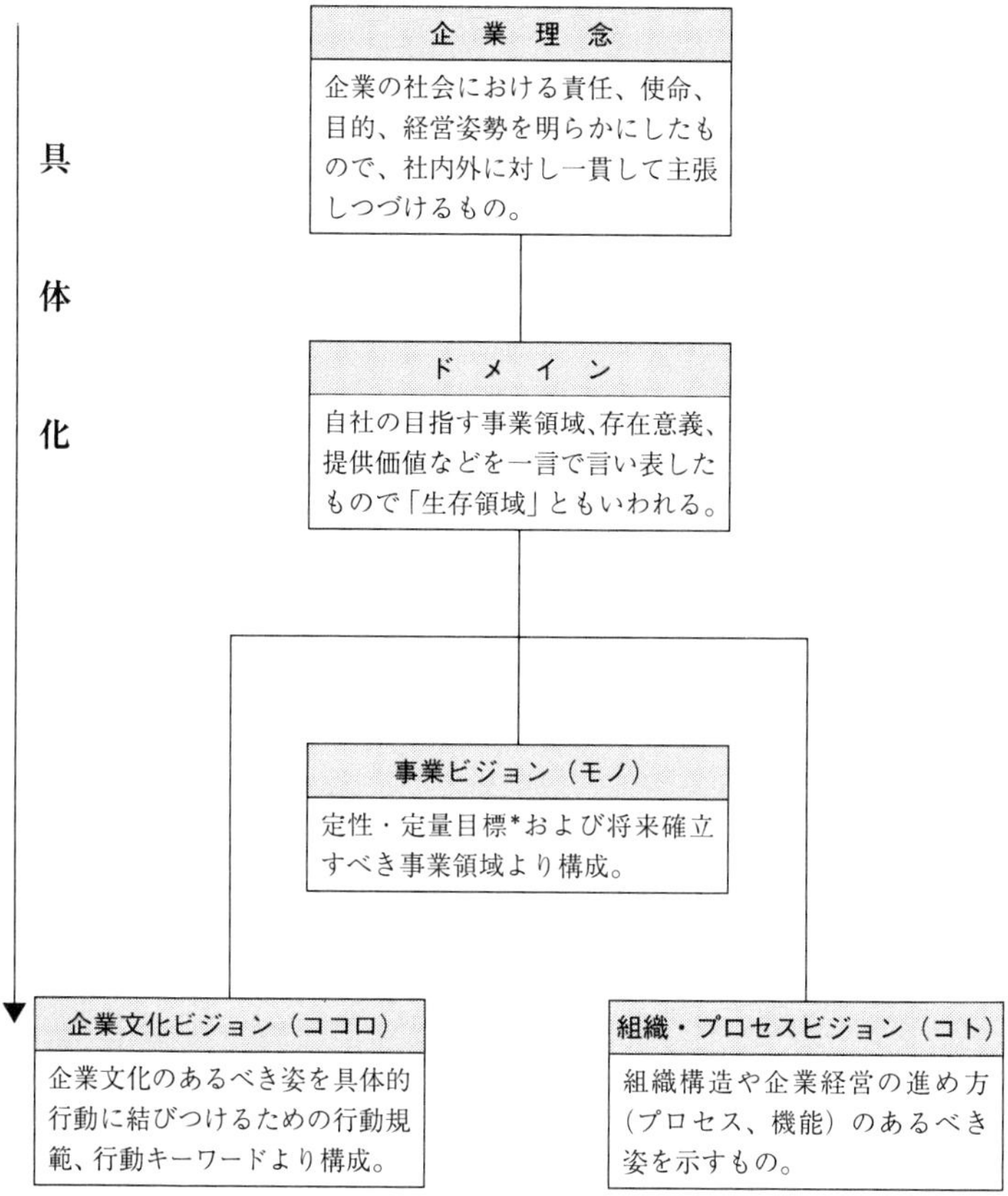
具体化
企業理念
企業の社会における責任、使命、目的、経営姿勢を明らかにしたもので、社内外に対し一貫して主張しつづけるもの。
ドメイン
自社の目指す事業領域、存在意義、提供価値などを一言で言い表したもので「生存領域」ともいわれる。
事業ビジョン（モノ）
定性・定量目標*および将来確立すべき事業領域より構成。
企業文化ビジョン（ココロ）
企業文化のあるべき姿を具体的行動に結びつけるための行動規範、行動キーワードより構成。
組織・プロセスビジョン（コト）
組織構造や企業経営の進め方（プロセス、機能）のあるべき姿を示すもの。

＊　企業の目標を設定する際に、売上高や利益を数値化して示すのが「定量目標」であり、「業界で存在感がある」「最初に相談を受ける」「業界No.1」など数値化しづらい特質で表現するのが「定性目標」である。

出所：塩谷未知『経営再構築時代の企業ビジョンのつくり方』（実務教育出版、1993）

経営者は自社のドメインを考え語ることが必要

ヒト・モノ・カネ・ブランド・情報などの経営資源が少ない中小企業ほどドメイン経営は大事であり、ドメインを軸にしたあり方を心がけたいものである。ドメインという言葉をいつも頭の片隅に置き、「自分の軸足は何か」と常に自問し、ドメイン経営を意識するだけでも効果が期待できる。毎日バタバタと忙しく資金繰りや営業、クレーム処理などに走り回っていたとしても、自らのドメインを意識するだけで、徒労感や明日への成長エンジンは違ってくる。

つまり、ヒト、モノ、カネ、ブランド、情報などの経営資源がドメインに蓄積するのである。そして見えざる資産、つまり最も大事なビジネスチャンスに関する情報が集まり、自分の会社にとって何が大事な情報かを見極めることができるようになる。これがないと、同業者の後追いをしたり取引先からの引き合いに無闇に飛びついたりするばかりで、目の前のビジネスチャンスに気づかずに終わってしまう。

軸足があれば、少々のことではふらつかず、安定した状態を保ってゆけるから、情報に限らずブランド、信用などがコストをかけずに蓄積でき、会社の持つ強みをより強化していくことができる。また、ドメインに情報や知恵が蓄積されると、短い時間のなかで経営資源を効率よく蓄積し、次の成長やビジネスチャンスに結びつけることができる。経営資源が蓄積されているということは、逆境に耐える力もより強化されていることになり、ビジネスチャンスのときにはすぐに動き出し投資できる状態であることを意味する。

競争力のある中小企業は、自分たちにとっても外部からみてもドメインがはっきりしていることが多い。産業機器メーカーならたとえば超音波や切削加工などの特定「技術」にしぼってこれを深掘りする。食品会社であればたとえば野菜を使いこなしたり、だしには最高品質の昆布を使うなど「材料」に特徴を持たせる。あるいは、業種を問わず、北海道や京都、信州など「特定地域」に基盤をもつことや、顧客の開拓や製品の試作・製造など「特定部門」に集中することも可能だろう。顧客は、困ったときにはこのようにドメインのはっきりしている会社を最初に思い出し相談するものである。

大手企業グループに属する中小企業なら少なくともそのグループ内では知名度があるので、さしたる努力はしなくともとりあえず仕事の引き合いの土俵には上がることができる。ところが、普通の中小企業ではビジネスの土俵に上がるまでが大変なのである。

また、中小企業はブランドの認知度や知名度の低さによって、自然に人材が集まってくるということも少ない。「会社の経営方針に魅力を感じて入社した」という社員がほとんど存在しないのが実情である。せいぜい、地元を離れたくないので身近な会社に入ったというのが良いほうで、たまたまハローワークで見つけたという場合も多いだろう。

一方、年間一〇億円を超える売上の会社にしても、世間的には知名度も高く会社らしい体裁も整っているだろうが、人材の多くはたまたま入社したというケースが多いものだ。そうした社員たちにこそ経営者自らが自社のアイデンティティとも言えるドメインを真摯に語り、伝え、人材を育てていく。そうすることで人材が定着し、先輩は後輩に、また個々の社員が顧客に自社のドメインを伝えることで新しい仕事へとつながっていくのである。

「自分の会社の得意技は何か」など、日々多少なりとも「自社のドメイン」を探索し考えるだけで、不思議に経営が引き締まってくる。それまで、顧客に言われるままに期日までに何とか仕上げるという姿勢でやってきた企業の体質が変わっていく。ドメインを意識するだけで、受注の仕方や提案の仕方まで変わっていく。これは大げさでも何でもない。

ここ数年来、国や県、親会社など他者に期待していては生き残れないことがはっきりしてきたので、自立を目指し、多くの中小企業ではドメイン経営を含むマネジメントへの関心が高まっている。バブル期とその後のリストラ期、不透明期、変革期を通して、企業と個人の生き方の原点が見直されることになった。寂しいことだが、良い意味での仲間意識や助け合いの余裕が無くなり、多くの企業は自立の必要性を痛感し、また、自分で決めて行動することの大切さを学んだ。

ここで、バブル経済期に乱発されたゴルフ会員権やリゾート・不動産投資、またその後「グローバルスタンダード」の名の下で人事に導入された行きすぎた成果主義の結末を思い出してみるのも無駄ではないだろう。軸足がないために、自分の意思をしっかりと認識しないまま、世の中の流れに半テンポ遅れで追随し、結果的に時代に振り回された苦い経験が想起されるはずである。

くり返すが、時代や顧客に振り回されないための軸足になるのがドメインである。誰にも依存せず、ドメインを明確に意識し自立した企業経営ができてはじめてビジネスチャンスに対して果敢に機敏に動けるわけだし、同業や異業種との連携も自由自在になる。言うまでもなくその場合も自立とドメインが成功の鍵となる。連携にあたって他者頼み、つまり親会社や銀行などに依存していては、意思決定が遅れ、その結果依存先への配慮と提携関係の維持に疲弊してしまい、何のための提携かわからないという本末転倒の事態になってしまう。

経営におけるドメインの効用

先に、企業ビジョンとドメインの構造を図示したが（三三頁図表1―2）、実際の経営の構造は複雑で二次元の平面図では表現しきれない。しかし概念的にある程度の共通理解を導き出すことはできる。明文化されているかどうかは別にして、多くの企業は企業理念、経営理念、使命（ミッション）というものをもっている。社是の形で示されたり、経営基本方針や企業姿勢として示されていることもあれば、文章化されてはいなくても経営者の頭の中には確実に存在しているものである。

しかし、ドメイン経営を推進していくためには、理念を頭の中にしまっておくのではなく、たとえ稚拙でも自分の言葉で明文化し、社内外に宣言するのが良い。経営者の頭の中だけにあっても他人には見えないし、それでは企業としての成長に役立たない。明文化することで、顧客や取引先などから感想や批評が寄せられるようになり、その結果、だんだん企業理念が深まっていくことが期待できる。周囲から色々と言われることや日々の経営活動で気づいたことを蓄積し続けると、経営にとって最も大事な自前の企業理念が次第に育っていく。

そしてこうした企業理念や社是といった使命（ミッション）を見えるようにビジュアル化したのが、企業ビジョンである。先の図表1―2で示したように、企業ビジョンは企業理念→ドメイン→事業ビジョン、企業文化ビジョン、組織・プロセスビジョンという要素から構成される。より理念的な要素、すなわち図の上の方の要素ほど長期間、少なくとも一〇年くらい使うつもりで作成するのが望ましい。それを土台にして事業ビジョン、企業文化ビジョン、組織・プロセスビジョンを立てたら、さらに具体的なアクション・プランである中期経営計画や年度計画が策定される必要がある。

これまで数多くの中小企業をみてきたが、企業理念について言えば、経営者の頭の中だけにある理念を顕在化させたり、すでに明文化されている企業理念を補強する必要があることが多い。というのは、ステークホルダー（利害関係者）への配慮、つまり株主、社員、顧客、取引先、仕入先、社会などへの配慮が不充分であることが多いからである。といってもすべての利害関係者に配慮し過ぎると、企業理念に自分の会社らしさが打ち出しにくくなり、どの会社にも通用するような漠然とした代物となってしまう。したがって、何に重きを置くかの決断が大事である。

本章の最後に、ドメインをわかりやすい言葉で示し成功した事例を紹介しておこう。話題としては少し古くなるが、しばしば成功例として取り上げられるＮＥＣ（日本電気）の「Ｃ＆Ｃ（コンピュータ・アンド・コミュニケーション）」である。ＮＥＣは「Ｃ＆Ｃ」を社内外に伝道し、技術、商品、システム、サービスを深耕することで大成功を収めた。このドメイン創造の手法はある時期、日本のマネジメントに大きなインパクトを与えた。ドメインを「○＆△」で示すＮＥＣのやり方が多くの企業に受け入れられていったのである。大企業、そしてまちの個人経営の商店に至るまで、あちこちに「○＆△」が見かけられるほどであった。

その後業界を襲った構造変革で同社も停滞を余儀なくされ、事業構造も大きく変わってきてはいるものの、ドメイン経営の有効性を最初に示した事例として特筆に価する（図表1―3）。

「Ｃ＆Ｃ」というドメインが確立する以前のＮＥＣは、家電メーカー、部品メーカー、重電メーカーなど、企業イメージが一定せず、勢い経営資源も分散する傾向にあった。しかし「Ｃ＆Ｃ」のドメイン

図表１―３　NECのドメイン「C&C」の創造プロセス

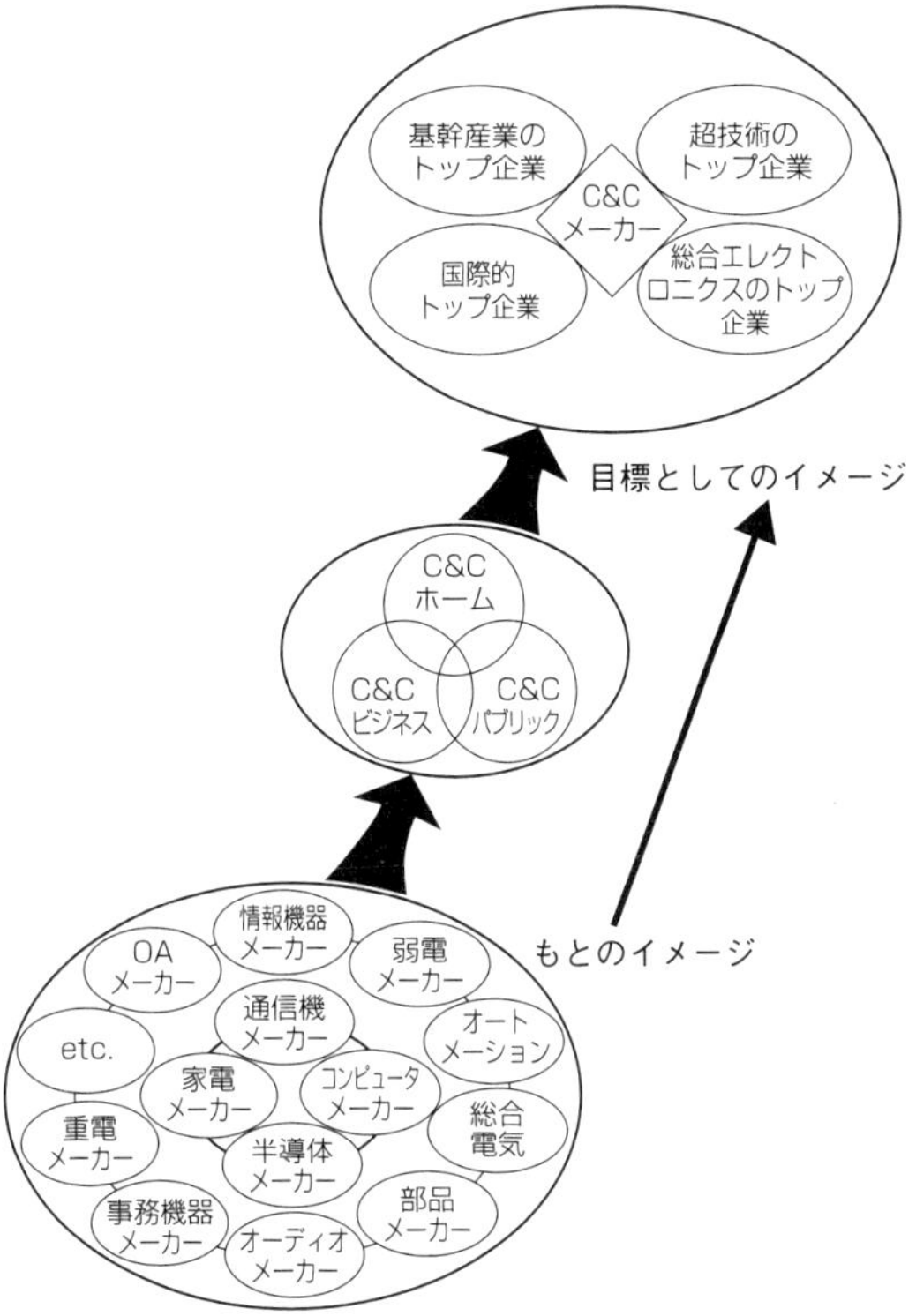

出所：榊原清則『企業ドメインの戦略論』（中公新書、1992）

が固まり、その領域を深耕し、世の中に同社のドメインが浸透するにつれ、同社のIT分野が急成長していったことは多くの経営者の記憶に残っているところであろう。しかしその後は、至極残念ではあるが、「マルチメディア」などのドメインを提示しつつも、ドメインやメッセージが多少揺れることが多いような気がしてならない。

ところで、企業の目標には「業界で存在感がある」「最初に相談を受ける」というような定性的なものと、売上や利益などの定量的なものとがあるが、企業ビジョンやドメインとしては定量的目標は避けたいものである。それは、先行き不透明な現在、過大な数値目標と実際の達成度との間に著しい開きが出ると、結果的にはせっかく策定したビジョンが陳腐化してしまうからである。

また、ビジョンというとどうしても事業ビジョン（モノ）の方に偏りがちだが、それに劣らず大事なのが組織・プロセス（コト）や企業文化（ココロ）に関するビジョンである。株主や経営者は、成長エンジンの元となる事業ビジョンにどうしても関心が向くかもしれないが、社員、取引先、仕入先、そして地域社会を含めて全体を考えたとき、組織・プロセスや企業文化に関するビジョン（企業姿勢）が大事になってくるのである。

第2章　ドメイン検討の視点

DOMAINDOMAINDOMAINDOMAINDOMAINDOMA

実際にドメインを策定するにあたり、次の四つの枠組みで会社の姿を捉え直し、経営方針を検討する必要がある。第一に、自社の創業以来の歴史を振り返ってみよう。そこに新たなイノベーションのタネを発見することも多い。第二に、顧客にとって自社の提供価値とは何かを客観的に見つめ直してみよう。第三に、「やるべきこと」「やれること」「やりたいこと」の三つの視点から経営戦略を練り直し、「やりたいこと」＝意思を明確化する。第四に、地域社会における自社の役割を改めて考え直してみる。

この四つの要素を総合的に検証することを通してドメインを発想する。その際、ドメインは顧客への提供価値＝「モノ・コト・ココロ」を主軸において規定されるべきである。

本章では、実際に自社のドメインを策定するにあたり、会社の何をどのように表現していくかについての具体的なポイントを整理しよう。

言うまでもないが、ドメインとは、会社の事業目標や企業理念を美辞麗句で述べればよいというものでは決してない。序章や第1章でも述べた通り、ドメイン経営を推進するためには、社員、顧客や取引先、さらには地域や社会にドメインが語りかけられ、練り上げられていかなければならない。そしてその前段階として、「ドメインの検討」ということがまずは最も重要となる。

ドメインの検討は、複雑な生命体ともいえる企業を様々な角度から率直に見つめ直し、そしてある断面で特徴や理念を切り出すことといえる。見る角度によって様々に異なって見えるし、切り出したものが重複したり互いに矛盾し合ったりすることもあるだろうし、それがむしろ当然である。

またドメインとは、分析を繰り返しロジカルに説明を組み立てていけば完成するというものではない。前述の、ドメインに求められる「わかりやすさとあいまいさ」を保つための柔軟な発想と、それを自前の言葉に置き換え練り上げる作業が不可欠である。会社を多角的に見ていくことで、「わが社の生存領域はここだ」とピンと来るところが必ずあるものである。それがドメインを示していることが多いのだが、そこで終わっては結局自分のものにならない。そのピンと来たところを仮説にして、検討、再考を繰り返し、ドメインとして熟成させていく必要がある。

仮説ドメインを頭の片隅に置いて、本を読み、仕事をし、人と話し、考え続ける。すると時間の経過と共に発酵・熟成が進む。次第に自社を語る自前のドメインとして、経営者自身にしっくりくるようになる。そのときに大事なのは、借り物のきれいな言葉ではなく、自分の言葉でドメインをつくり、研ぎすますことである。

ドメイン検討を、では具体的にどのように進めるか、その枠組みを図で示すと図表2―1のようになる。最初にすべきことは、自社の歴史を振り返ることである。先行企業に学ぶことも有効だが、社歴の長短にかかわらず創業からの自社の歴史を振り返ることで新たなイノベーションのシーズ（タネ）を発見することが多い。第二には、顧客が自社をどのように評価しているかをあるがままに見つめることだ。第三には、「やるべきこと」「やりたいこと」「やれること」の三つの視点で経営戦略を再考することで

図表２—１　ドメイン検討の枠組み

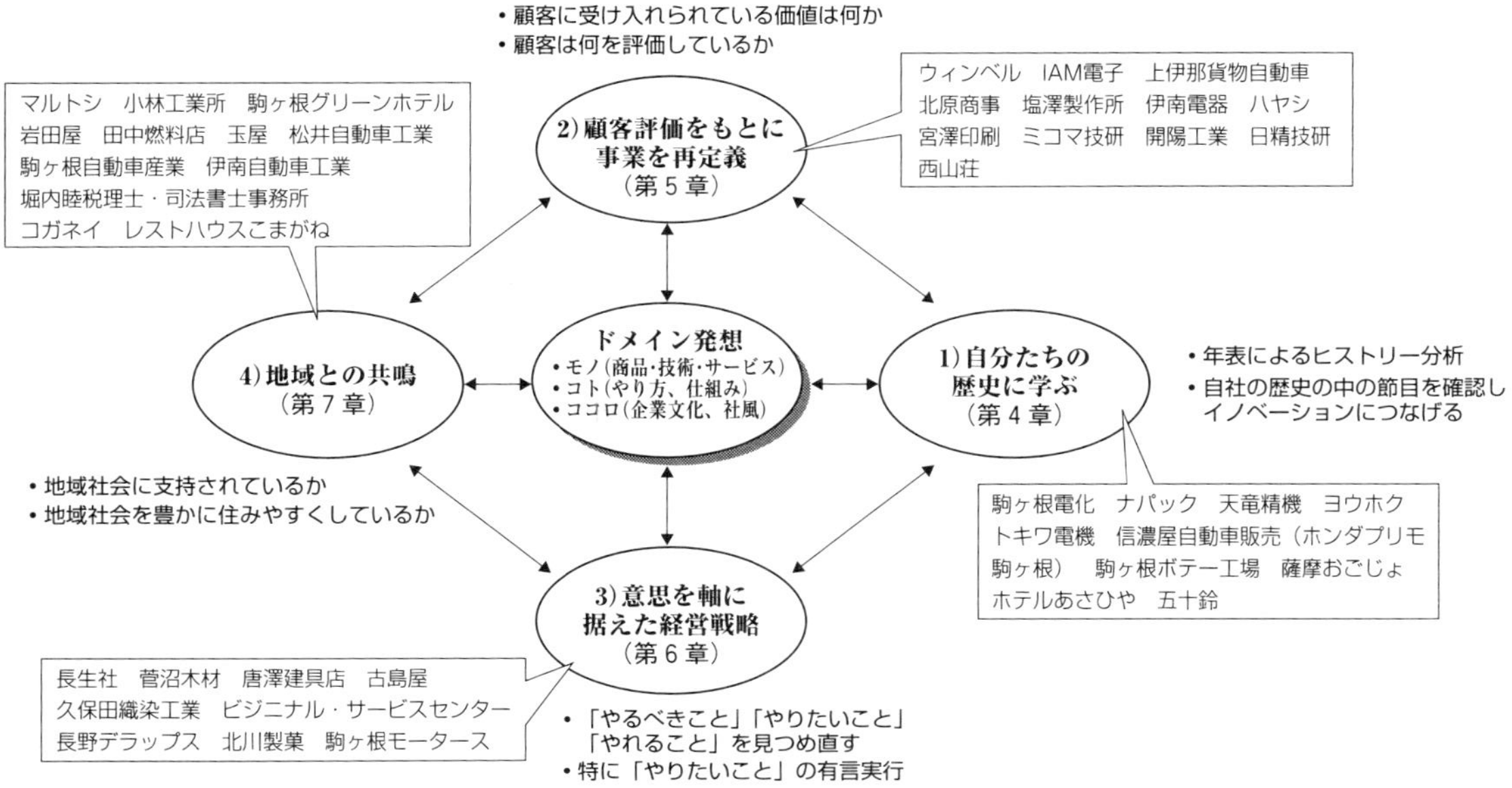

・顧客に受け入れられている価値は何か
・顧客は何を評価しているか
マルトシ　小林工業所　駒ヶ根グリーンホテル　岩田屋　田中燃料店　玉屋　松井自動車工業　駒ヶ根自動車産業　伊南自動車工業　堀内睦税理士・司法書士事務所　コガネイ　レストハウスこまがね
2)顧客評価をもとに事業を再定義（第５章）
ウィンベル　IAM電子　上伊那貨物自動車　北原商事　塩澤製作所　伊南電器　ハヤシ　宮澤印刷　ミコマ技研　開陽工業　日精技研　西山荘
4)地域との共鳴（第７章）
ドメイン発想
・モノ（商品・技術・サービス）
・コト（やり方、仕組み）
・ココロ（企業文化、社風）
1)自分たちの歴史に学ぶ（第４章）
・年表によるヒストリー分析
・自社の歴史の中の節目を確認しイノベーションにつなげる
・地域社会に支持されているか
・地域社会を豊かに住みやすくしているか
駒ヶ根電化　ナパック　天竜精機　ヨウホク　トキワ電機　信濃屋自動車販売（ホンダプリモ駒ヶ根）　駒ヶ根ボデー工場　薩摩おごじょ　ホテルあさひや　五十鈴
3)意思を軸に据えた経営戦略（第６章）
長生社　菅沼木材　唐澤建具店　古島屋　久保田織染工業　ビジニナル・サービスセンター　長野デラップス　北川製菓　駒ヶ根モータース
・「やるべきこと」「やりたいこと」「やれること」を見つめ直す
・特に「やりたいこと」の有言実行

ある。とりわけ「やりたいこと」＝意思を顕在化させることが最も大切である。最後に、地域や社会からどのように支持されているか、地域と共鳴しているか、自社の歴史を振り返りつつ検証する。

そして、この枠組み全体を通してドメインを発想していくのである。つまり四つの要素は常に相互作用的に参照し合う状態になっていることが望ましい。一方当然のことながら、この枠組みに沿ってドメインを発想した場合、企業の歴史や得意分野などによって、結果的にこれら四つの要素のうちの一つがドメインの特徴として突出するケースも多い。右図に示したように、本書ではこの四つの特徴に従って第4章～7章を章立てし、取り上げる企業を分類してある。次にこの四つの枠組みについて解説する。

自社の生い立ちや歴史の再認識（第4章）

ドメインを新しく規定する、あるいは現在無意識のうちに使っているドメインを意識して育てていくには、まず自分の会社の歴史を整理することから始めよう。起業の目的は、最初は生きるため、つまり生業に近いかも知れないが、それなりの期間事業を継続してきたなかで、多くの苦労や飛躍の節目をたくさんつくってきたはずである。五年、一〇年、二〇年という時間にわたって、社員、顧客、取引先や地域社会に支持されてきたからこそ今日会社が存在するのである。その生い立ちから今までの歴史を虚心に見つめてみると、「意外に昔の方が賢かったりがんばっていたりするなあ」などと思うこともあるだろう。

会社にイノベーションを起こし現在の壁を破るには、モデルとなる先行企業に学ぶのも一つの有効な方法だが、まずは自社の歴史に学ぶのが極めて有意義である。過去の苦境をどう乗り越えたか、成功してきた要因は何か、今現在何をする時期にあるか、そういったポイントを自社の歴史はいろいろ教えてくれる。それは現在の結果と過去の要因の因果関係を深く洞察できることに加えて、自社の歴史こそが最も身近なイノベーションだからである。

当たり前のことだが、経営は常に微妙なバランスの上に成り立っているので、そのバランスを長期間保ち続けてきたことで今日がある。経営者はその事実を誇りに思って良い。しかし、それを過大評価したり過去を美化したりしては目的を逸してしまう。また、若い社員なら会社の歴史を否定的に見るかも知れないし、営業部門は会社に自信を持ってはじめて商品やサービスを胸を張って売り込めるという業務の性格上、やや過大に自社の歴史を評価するかも知れない。逆に技術部門は、ものごとを相対的に見る習慣がついているのでやや否定的に自社を捉えることが多い。経営者としては、そうした特定の見方に偏るのではなく、多角的かつありのままに見つめることが第一歩である。

具体的には、まず経営者と社員の共同作業で、会社の歴史を年表にしてみよう。事業内容の転機や節目となる開発・イノベーションなどはもちろんのこと、多少世の中の動きや出来事も並記しながら、生い立ちから現在までを時系列に記述してみる。書店で手に入る「自分史づくり」の本などを参考にしてもよいだろう。また文字だけでなく、たとえばメーカーであれば創業時の製品や毎年の新製品の写真など、視覚資料も加えるとより充実した年表になる。年表が出来上ったら皆で見ながら、「昨日まで何をやってきて、今日は何をやっていて、明日は何をやるのか」「何にこだわって会社を経営してきたのか」「わが社の売り物は何か」などについて考えてみる。年表によって歴史をたどると、創業の目的は所得動機であったとしても、会社の成長と共に利益が目的になり、さらには地域社会に役立ちたいという理念動機が生まれていくことに気づくだろう。

そして最も重要なのは、年表によって過去のいくつかの節目が見えてくることである。節目は経営危機だったり、当時は気づかなかったイノベーションだったりする。元気のよかった時期、停滞した時期など、節目を読み解くことによって今やるべきことが見えてくることも多い。たとえ歴史が短くても、学ぶべきイノベーションのタネは必ず存在する。

このときに大事なのは、顧客との関わりをよく見ることである。顧客は自分たちの何を価値と認めて付き合ってくれているのかということのいわば棚卸である。顧客数の変動や顧客の動向の変化をたどると、顧客の拡大や開発のために何らかのイノベーションを起こしていることに改めて気づくことも多いはずである。この過去のイノベーションや挑戦を、ドメインの発想に、ひいては新たなイノベーションに役立てることができるのである。

顧客の評価をもとに事業を再定義する（第5章）

次に、顧客からの評価、顧客が自分たちをどう見ているかをありのままに見つめ直し分析する。顧客からの評価は、前節の最後に述べたように自社の歴史の文脈の中で分析していくとより深く理解できる。

企業活動をそれなりの期間続け、あるいは個人事業主として孤立した状態でなく、地域との関わりのなかで存在感のある企業に育って来た会社なら、その最大の要因の一つは、顧客に恵まれたことであるはずだ。提供する商品・事業あるいはサービスの質、培ってきた技術、納期を守るマネジメントレベル等々を含めた会社の総合的価値を正当に評価してくれる顧客の存在あってこその企業である。経営者、次世代の担い手である後継者、幹部社員が共に創業以来の顧客の存在を想起し、彼らからの評価の中味をていねいに見つめ直してみよう。

長年培ってきた加工技術や要素技術が顧客に高く評価されていると自信を持っているメーカーがあるとしよう。しかしこのような振り返りを行ってみると、顧客が評価していることと自社が自信を持っていることが違っている場合も多く見受けられる。たとえば技術よりもむしろ顧客サービスやＱＣＤ（Quality＝品質、Cost＝コスト、Delivery＝納期）などの管理技術を顧客は買っている、といったようなケースである。このことを踏まえ、顧客の評価からこの会社のドメインを再考してみると、ものづくり＝製造業であることには違いないが、いわば「製造サービス業」といえるかもしれない。もしそのようにドメインを規定したら、サービスやＱＣＤを徹底するためにＩＴ化を進め、常に高い精度を保てるような仕組みづくりに取り組むといった展開が考えられるだろう。

ところで世間一般では、ある特定の分野、たとえば金属加工技術や金属表面処理技術に優れた中小メーカーを「オンリーワン」とか「小さな世界企業」として賞賛する傾向がある。「このメーカーが存在しなければロケットを作ることができない」などと持ち上げ、オンリーワン技術を持つことが中小企業の生き残りに重要だとされる。しかし、このようなスター企業はごく少数の例外であり、中小企業の生き残りのモデルとするのには無理がある。日本の産業界の強みは、突出した一握りの企業というよりもむしろ、「少しベターな技術」をもった企業がたくさん存在することにある。かつ、その「少しベターな技術」が安定して提供され、技術自体もオンリーワンとかベストにはならないが「よりベター」になっていくところが特長である。そしてそれこそが顧客に評価されていることも少なくない。むしろこの点を中小企業のドメインのモデルとして捉えていくべきであろう。

それに、たとえばこれまで金属でしか作れなかった機械部品がプラスチックで出来るようになるなど、製造業の世界では技術イノベーションによってダイナミックな移行が生じることがままある。そうなると、かりにそれまで「金属加工のオンリーワン技術」を標榜していたとしても、それだけではもはや生き残れなくなる。したがって中小企業の場合は特に、「製造業」よりも幅のある「製造サービス業」という認識、つまり抜きん出た顧客評価を受ける技術に加えてQCD（管理技術）を有することでより強くなると意識すべきである。人間が関与するQCDは一朝一夕には達成できないものであり、しかしそれだけに、イノベーションが起きてもQCDがあれば思いのほか対応力を発揮できるものである。

顧客が何を評価しているかをきちんと直視したら、次にはそれをひとつ上の概念枠組みで考えてみよう。たとえばある食品メーカーがつくっている小魚の佃煮が、顧客から高い評価を得ていたとしよう。それを、単に「佃煮が評価されている」ということで終わるのでなく、ひとつ上の枠組みで捉えてみる。佃煮が評価されているのは、「ご飯の副食」としてか、「伝統食」としてか、「食卓を楽しくする副菜」としてなのか、などを詳しく分析していくのである。そこから発想されるドメインは、「佃煮屋さん」、あるいは「伝統食企業」、もしくは「食卓にぎわい企業」、といった具合になるだろう。

「やりたいこと」を軸に据えた経営戦略（第6章）

ドメイン発想の上で次に大事なのが、経営戦略の検討である。経営戦略は会社の方向性であり、実践への指針であるが、その本質は環境変化にどう適応するかである。企業にとって環境適応は不可避の命題であり、環境変化を感じ取り、ドメインを規定しそこにビジネスチャンスを見出し、ヒト・モノ・カネという経営資源を有効に継続的に投資することで企業は成長することができる。

経営戦略を検討するには、まず環境変化に鑑みて今「やるべきこと」は何かをしっかりと見極める。そして経営資源から見て「やれること」は何かを確認する。さらに経営者として「やりたいこと」は何かを自らに問いかける。この三つの視点から総合的に検討を加える（図表2―2）。

一般に経営書などを見ると、経営戦略の検討は、「外部環境分析」「内部環境分析」「経営戦略発想」などと、これでもかという具合に各種の「分析」を行うよう指示してあることが多い。しかし基本的にはこの三つの視点で十分である。

「やるべきこと」は、マクロ経済の動向、競合状況や市場動向などの経営環境の把握を通して考える。日頃気になっている環境変化から見て、やらなくてはいけないことを書き出し整理してみる。

二番目は自分の会社の強みや弱みなど、経営資源の把握から導かれる「やれること」である。それは見える経営資源（ヒト・モノ・カネ）だけでなく、見えない経営資源（ブランド、情報、顧客、培った技術、マネジメント力、社員の意識やまとまり、など）も含むことは言うまでもない。

そして何よりも大事なのが、経営者の強い意思、すなわち「やりたいこと」である。論理的に考えれば、図表2―2に示した三つの円が重なるところが今後の生存・活動領域で、今日の段階ではそこから経営戦略とドメインを発想するのが正解には違いない。しかし、会社を取り巻く環境は刻一刻と変化するので、明日には陳腐化する恐れが高い。それゆえ大事なのは、「会社をこうしたい」「この事業に挑戦したい」という、経営者の強い意思を主軸に据えて考えることである。

図表2―2　経営戦略を検討する視点

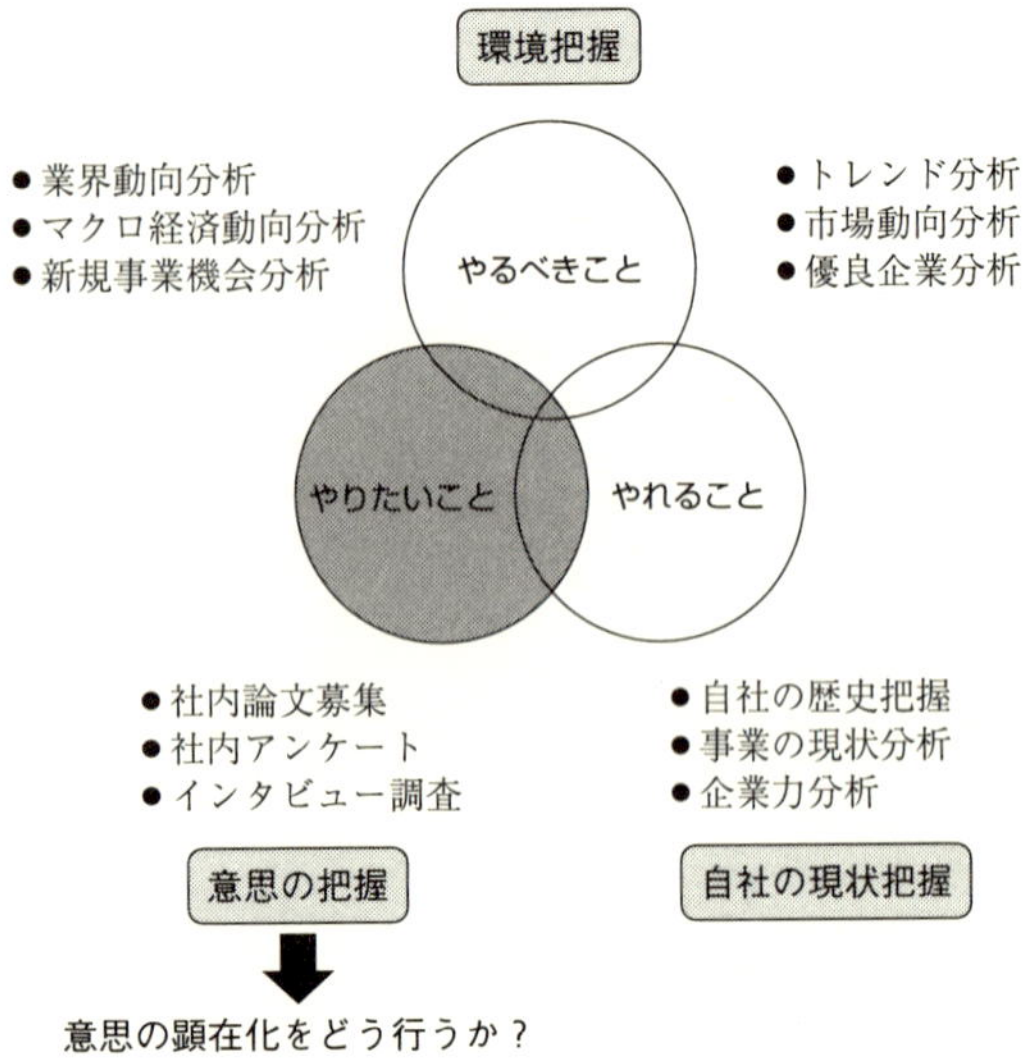

出所：塩谷未知『経営再構築時代の企業ビジョンのつくり方』

ドメイン発想の見地からみると、「やるべきこと」は極端に言えば当事者でなくてもある程度あてはまることでもあり、どこかよそよそしい感じがする。また現在の経営資源に基づく「やれること」を主軸にすると、ドメインがあまりに狭く限定されすぎる嫌いがある。一方「やりたいこと」がなく企業経営をしているような経営者などいないはずだ。かりに言葉にできずにいるとしても、自分の強い意思をうまく説明できないだけであったり、実行への意思が多少揺れているだけである。そこを何とか言語化して、経営戦略を改めて定義してみよう。

「やるべきこと」「やれること」「やりたいこと」の三つの視点から経営戦略を検討するにあたっては、現在の事業展開だけに限定して考えないほうが良い結論が出てくる。具体的には開発中の製品の商品としての力や顧客からの引き合いの状況、取引先との関係、将来への強い希望などを含めて考えてみよう。

地域社会との共鳴（第7章）

最後に、地域社会との関わりのなかで自社の役割や将来を捉え直してみよう。

製造業の場合、かりに自社は下請であっても、直接の顧客かその先の顧客の多くは世界と激烈な競争をしているだろう。したがって現在生き残っている企業は、意識するとしないとにかかわらず、また規模の大小を問わず、否応なしに世界的な競争に組み込まれ生き残っているのであり、そのたくましさに自信を持ってよいだろう。

一方、世界的な競争とはあまり関わりのない小売業や飲食業、事業所向けのサービス業など、地域に根ざしたサービス企業は、ややもすると地域に甘えてしまうことがある。しかし地域の企業は、その土地に育てられ、まちをより住みやすくする使命を担っており、地域との共存共栄で成り立つものである。たとえばまちにファーストフードやチェーンの飲食店ばかりだったらどうだろうか。私たちの食生活は画一的で味気ないものとなり、豊かな暮らしとはいえなくなるだろう。地元の生鮮食品店や老舗割烹、食堂やレストランや喫茶店があるからこそ、私たちは豊かな食文化に触れ、快適な生活を営むことができる。また、量産プレハブ型の住居ばかりが建ち並ぶまちは殺風景になるが、地域特性を活かした住みやすい個性的な家を建てる建設会社があれば住環境が豊かになる。そのように地域の人々の暮らしと文化を支えてこそ、地域社会と共鳴する企業といえる。

住みやすいまちには人、情報、いろいろな知恵が集まるものである。人々が生き生きと日常を送るまちには、快適なホテル、おいしくてくつろげる居酒屋が出来、出張ビジネスパーソンがその地区を宿泊地に選ぶだろう。するとさらに情報と知恵が集まり、サービスのレベルも上がり、地域の人々にもそれが還元されることになる。

自社の事業が地域にそのような貢献をなしえているかどうかをしっかりと検証し、地域との共存共鳴を実践していくためには何が必要かを具体的に挙げ、ドメイン発想の土台に据えることが重要である。

顧客への提供価値（モノ・コト・ココロ）

このように四つの枠組みから自社の事業を捉え直したら、いよいよドメインづくりである。ドメインを規定するのは、基本的には顧客にどのような価値を提供するかという視点である。ドメインの規定というと、ややもすると事業・商品やサービス（つまりプロダクト＝モノ）という視点に偏りやすいし、多くの経営書ではプロダクトを強調し、事業領域の再定義、事業そのものの成長性や進出・撤退時期など事業戦略に視点を置くことが多い。しかし、ドメイン規定で最も重要なのは顧客への提供価値を定義することである。くり返すが顧客にとっての価値は事業＝モノだけではなく、コトやココロすなわち、事業の進め方や企業イメージ、企業文化、ブランドなどを含む広範囲にわたるものである。どのような製品や技術、サービスを提供するか＝プロダクト（モノ）、その製品・サービスを提供する仕方や仕組み＝プロセス（コト）、そして、「あの会社・社員は信頼できる」といった企業イメージやブランドなどの企業文化＝カルチャー（ココロ）、これらすべてが提供価値を構成しているのである。

「プロダクト（モノ）」は、どのような製品・サービスを誰に、どの市場に提供していくかという製品・市場戦略に関する視点であり、一般的には製品・市場マトリックスで示される（図表2―3）。自社の歴史を読み解き、「今日までどのような製品・技術・サービスを提供してきたか」を見つめ直す。そして、明日に向けて「どのような製品・技術・サービスを、どの顧客や市場に提供していくか?」を問い直してみよう。どの地域（地元か地域外か、国内か国外か）で事業を行っていくのか、また、特に技術基盤を何にするのかという視点も忘れてはいけない。

「プロセス（コト）」は、顧客に製品・サービスをどのようにタイミングよく提供するかである。原材料の調達、製造、顧客への提供までのなかで、企画・開発・製造・販売・物流・管理というプロセス全体を自社で持つのか、何かに特化して成長していくのか、どのプロセスを売り物にしていくかという選択である。たとえば商品企画・開発に特化し、製造工場を持たない場合はいわゆるファブレス企業となる。

ＱＣＤ（品質、コスト、納期）管理に重きを置く場合は、「あの企業は品質や納期などがいつも安定している」「見積の回答も早く安定している」という評価を得ている業態を選択し、それを実現するためのＩＴ化投資が大事になる。製造プロセスに特化するなら、部品などを受託するファウンドリー（半導体の受託生産を行う企業で、台湾に代表的な会社が多い）や、電子機器の製造や設計を担うＥＭＳ（Electronic Manufacturing Service）といった業態に近くなる。

「カルチャー（ココロ）」が意味するのは、長年培った顧客との関係や地域での企業イメージやブランド、社風、企業文化等々、目には見えないが大事な資産である。たとえば様々な業界で、「あの企業は何をするかわからない」と思われているような企業が案外多い。また古いタイプの経営者やマネジャー

図表2—3　製品・市場マトリックス

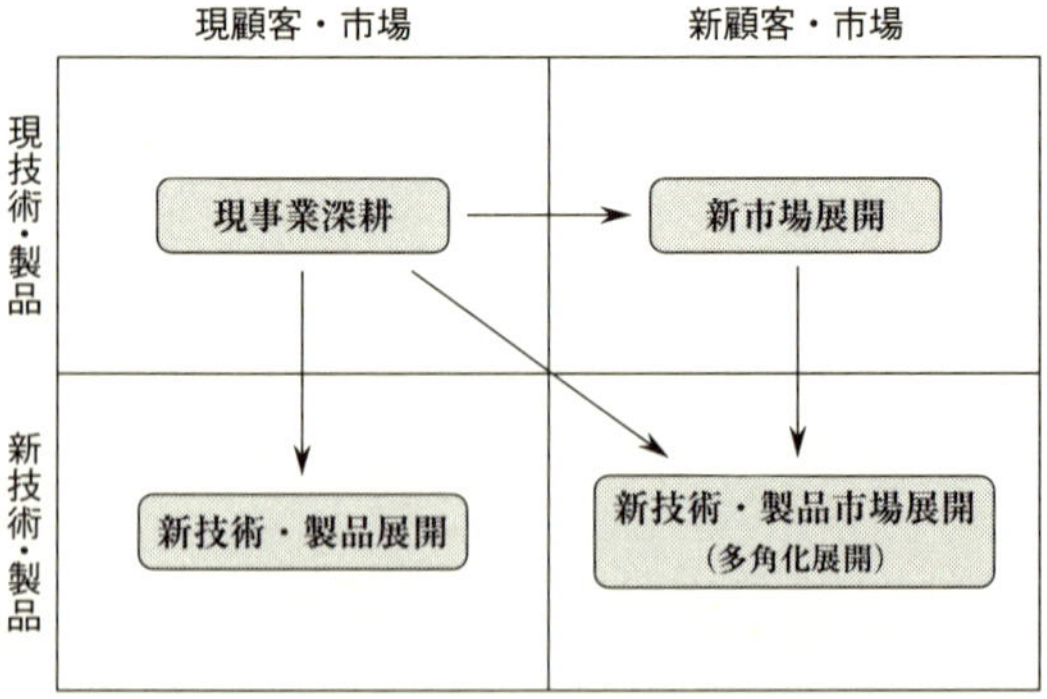

の中には、警告を受けるまで反則行為で押し切ろうとするような人も存在しないこともない。そういった経営の不透明さに対する顧客の評価の厳しさを肝に銘じ、「あの会社なら安心」「あの会社の社員は信用できる」といった企業イメージを生き残りの軸足＝ドメインとすることも重要である。企業のコンプライアンス（法令遵守）や社会的責任が問われている現在、信用できる取引先であることのアピールは大きな訴求点となる。

企業文化とかブランドというと、ヨーロッパの高級服飾ブランドなどがよく取り上げられるが、日本のどの地域にも圧倒的に信頼されるブランド企業が存在する。この場合、地域のブランド企業は、長い間培った企業文化（カルチャー）が生存の拠り所でありドメインと言える。特に顧客とじかに接するサービス業にとっては、企業文化＝ココロは最も大事な要素である。「あの会社の社員はいい」「あそこに行くとほっとする」という顧客の評価は何ものにも代え難い価値と言ってよいだろう。

このように、モノだけでなく、モノの提供の仕方（コト）や人間性（ココロ）も含め、総合的にドメインを規定することが重要である。

のちの章で事例として詳しく触れるが、ここで三社のケースをドメイン規定のわかりやすい事例として挙げておこう。**上伊那貨物自動車**では、かつては「トラック運送業」というドメイン規定をしていた。しかしそれではあまりに事業の拡張性が無く、ビジネスチャンスに関する情報が入ってこないし、入ってきても活かせない。そこでモノを運ぶだけでなく簡単な加工をしたり在庫を預かったりするところまで業務を拡げ、ドメインは「物流業」となりビジネスの幅が拡がった。これがモノに焦点を絞った典型的なドメイン定義であり、新しいドメインにより事業が拡張したケースである。

次に電子部品組立業の**伊南電器**は、あらゆる電子機器や自動車に不可欠な電線とコネクターなどを束ねたワイヤーハーネスの組立をしている。一〇年前から中国での生産を始めて、駒ヶ根の本社と中国の工場を結ぶロジスティクスを完成させた。この場合、ドメインは「電子部品の組立」というより、「信州伊那谷と中国を高度なＱＣＤ管理で結ぶロジスティクス」という「コト」が主軸と考えるべきである。そのように新たにドメインを設定すると、そのロジスティクスにいろいろなビジネスを載せることに発想が拡がる。

最後に、中央アルプスの駒ヶ根高原で安定した経営で旅館業を営んでいる**西山荘**《せいざんそう》は、単に「旅館」と考えていたうちは、新しい拡がりも出てこないし顧客も安定せず、新たな取り組みもできなかった。そこで家族経営の温かい「ココロ」を活かし、地元のお年寄りに優しい宿ということを大事にしている。この場合は、単なる旅館から一歩踏み出し、「あそこに行くと温かい気持ちになる宿」というのがドメインである。そう考えると、宿泊だけでなく食事の提供や、車の運転ができずなかなか買い物に行けないお年寄りに買い物サービスを行うなど、顧客への提供価値が拡がってくる。

このように、中小企業の提供価値を拡張するドメインは、モノ・コト・ココロの視点で発想することが大切である。

第3章　テクノネット駒ヶ根の活動

■ DOMAINDOMAINDOMAIN ■

これまで「ドメイン経営」の必要性について総論的な話をしてきたが、本章からは具体的な事例を交じえてドメイン経営の有効性を述べていく。まず筆者たちがドメインについて考察を深める場となった、信州伊那谷の駒ヶ根市で一〇年間続けられてきた異業種交流活動「テクノネット駒ヶ根」と、その主力研究会である「企業ドメイン研究会」の取り組みを紹介する。

■ DOMAINDOMAINDOMAIN ■

昭和の終わりの頃から、日本各地で異業種交流グループがつくられた。多様な業種の企業が集まって交流を深め、情報交換やぶつかり合いの中から新たな価値を生み出していこうというもので、厳しい構造変革への一つの対応策として現在も多くのグループが活動を続けている。しかしながら、目に見える形で十分な成果を出しているという事例は思いのほか少ない。開店休業状態か、いまだに親睦会の域にとどまっているグループも多い。

筆者たちが関わっている「テクノネット駒ヶ根」は、いわゆる異業種交流活動の既成の枠組みを超え、個々の企業では対応しきれない構造変革の波に立ち向かい、地域の企業が連携し共に考えることでそれぞれが企業体質を強化させることを目指してきた。

特記すべきことは、「テクノネット駒ヶ根」は行政主導で育ったグループではなく、地域の中小企業が主体となり、知恵や技術を出し合って育ててきたものだという点である。その背景には、「自分たちの生まれ育った地域がこのまま廃れていくのを見過ごすことはできない」という強い思いがある。

本章では、この全国的にも例がない新しい異業種交流モデル「テクノネット駒ヶ根」およびその主力活動体である「企業ドメイン研究会」について紹介する。

駒ヶ根市の概況については巻末の「資料」で詳説するが、ここで簡単に述べれば、地理的には長野県南部（いわゆる南信）にあり（図表3―1）、人口三万四〇〇〇人程度の地方小都市で、日本各地に見られる普通のまちである（図表3―2）。

「テクノネット駒ヶ根」の生い立ち

「テクノネット駒ヶ根」誕生のきっかけは、一九九六年三月に長野県中小企業総合指導所（現、長野県中小企業振興センター）が中心になり官民共同でまとめられた「駒ヶ根市機械金属工業産地診断報告書」の提言であった。

その頃日本の産業界は、急激な円高や国際分業、価格破壊など大規模かつ急速な構造変革の波にさらされており、とりわけ製造業は「もはや国内では成り立たない」といった極論も出る始末で、生き残りの方向性を見出すことに苦慮していた。そのため駒ヶ根市では、商工会議所の発案で産地診断を行おう

図表３―１　アルプスがふたつ映えるまち　駒ヶ根市

出所：駒ヶ根観光協会総合パンフレット

図表3—2　駒ヶ根市の概要

名　　称	長野県駒ヶ根市（ながのけんこまがねし）	
面　　積	165.92km^2	
人　　口*	34,417人（男性16,843人・女性17,574人）	
	年齢別割合	0 ～ 14 歳　15.1% 15 ～ 64 歳　60.5% 65 歳 以 上　23.5%
	産業別割合	第1次産業　8.8% 第2次産業　40.4% 第3次産業　50.7%
世 帯 数	12,035世帯	
事業所数	1,900所（従業者数14,930人）	
交　　通	JR飯田線駒ヶ根駅、中央自動車道駒ヶ根IC、国道153号線	
特 産 品 名　　物	養命酒、ソースかつ丼、信濃鶴（地酒）、南信州ビール（地ビール）、りんご、伊那紬　など	
文化・観光 名　　所	駒ヶ根青年海外協力隊訓練所、長野県立看護大学、 中央アルプス駒ヶ岳ロープウェイ、 駒ヶ根高原（早太郎温泉・家族旅行村・スキー場）、光前寺（天台宗）、 駒ヶ根高原美術館、シルクミュージアム、ふるさとの家（自然体験施設）	
友好都市	磐田市（静岡県）、二本松市（福島県）、ポカラ市（ネパール王国）	
イベント	ＫＯＭＡ夏（夏祭・7月） 天竜ふるさとまつり（8月） 中央アルプス駒ヶ根高原マラソン大会（9月） 協力隊週間 in こまがね（10月） くらふてぃあ杜の市（クラフト展・6月） 光前寺のしだれ桜ライトアップ（4月）	

＊　2005年10月1日国勢調査
出所：駒ヶ根市の統計他、市からの提供資料

ということになった。この取り組みが後に、「テクノネット駒ヶ根」と「企業ドメイン研究会」の活動につながっていく。

当時の商工会議所副会頭で天竜精機株式会社社長の芦部次郎さんは、産地診断の実施にあたり次のように語った。「過去数回にわたり行われてきた（行政や商工会議所の片づけ仕事的な報告書づくりのための）産地診断なら、やる必要はない。もし本気でやるのなら、それなりの覚悟が必要である」。芦部さんのこの言葉がきっかけで、「報告書を出して終わり」ではなく報告書を基に次のアクションを必ず起こすことを前提に、産地診断が行われた。それは長野県中小企業総合指導所が肝煎りを務め、県のその他の中小企業指導機関の全面支援のもと、地元の中核的な中小企業経営者ら一〇人程がワーキンググループを結成するという、官民共同の大事業となった。

産地診断における基本方針は、「地域の技術集積力を把握し、今後目指すべき事業展開にとって必要となる既存技術の高度化、新技術力形成及び経営資源の活用等を促進する『仕組み』づくりを調査・検討する」とされた。調査の概要は以下の通りである。

① **重点調査事項**

- 個別企業の保有技術とそのレベルの実態
- 他地域と比較した当地域の工業集積力の実態
- 経営革新を推進している企業の実情
- 地域内企業の取引構造と受注先、取扱品目及び製品力等マーケティングの実態

●親企業の海外展開を含めた経営戦略

②重点検討課題

●自立型経営展開への誘導策
●個別企業の技術力の強化策
●水平ネットワーク等による地域技術集積力の向上策
●企業の実施すべき事項、業界団体の実施すべき事項、行政等の実施事業の検討

③調査・検討の実施方法

●アンケート調査と地域内企業の実態をより把握するためのヒアリング調査の実施
●ワーキンググループと県担当機関との検討会
●診断結果を具体的展開に結びつけるシンポジウム形式による報告会の開催

産地診断は一九九五年五月に開始宣言がなされ、翌年三月に駒ヶ根商工会議所で報告が行われた。報告書は、「テクネットコア」と題された正本と「駒ヶ根ラブストーリー」と題されたサブテキストで構成されていた。サブテキストはタイトルこそ当時流行りのトレンディードラマから言葉を取って親しみやすさを出したが、内容は当時の駒ヶ根市工業界の存在を危ぶむ過激なもので、これを読んだ関係者すべてが駒ヶ根製造業の行末を真剣に案じたのだった。

五つの課題と危機感の高揚

この産地診断と報告書により、駒ヶ根市の機械金属工業の課題が明確になった。報告書は「特徴的な企業が少ない工業界が現状維持を続けることは先細りを約束する」ということを突きつけるいわば宣告書であり、「それが嫌ならば転ばぬ先の杖を自ら用意しろ」という挑発的な内容であった。報告書では以下の五つの項目が課題として挙げられた。総じて言えば、環境変化を認識し危機意識を高めよということであったが、このような課題を今後どのように実践していくべきかについては、皆目検討がつかなかった。ただ、これが後に産地診断のフォロー事業として、「企業ドメイン研究会」を含む「テクノネット駒ヶ根」のベースとなっていったのである。

① 地域のシンボルカンパニーである大手企業が日本経済の構造転換に対応しきれておらず、不安定な状況にある（当時は大手企業とて国内での事業継続が危ぶまれた時期であった）。
② 工業集積の幅（企業数、加工の種類等）と厚み（専門性、精度、質等）が不十分で、機械金属加工の工程間バランスが取れておらず、地域特性を打ち出しにくい。
③ 製品開発型・重装備高技術型企業と軽装備・単純加工組立型企業との技術格差や、経営姿勢における根本的な相違が見られる。
④ 駒ヶ根市の工業の大多数は海外とりわけアジア・中国との競合の真っ只中にある。コスト削減だけでは競争に勝てず、最悪の場合、駒ヶ根市の工業は伊那地域の工業関連分野のなかで限界的・補足的役割にとどまり、縮小再編成の道を歩むことが懸念される。
⑤ パイの拡大が期待できないので、難しい仕事や新しい仕事にチャレンジせず、景気回復に期待し何

図表3—3　「テクノネット駒ヶ根」誕生を促した危機感の高揚

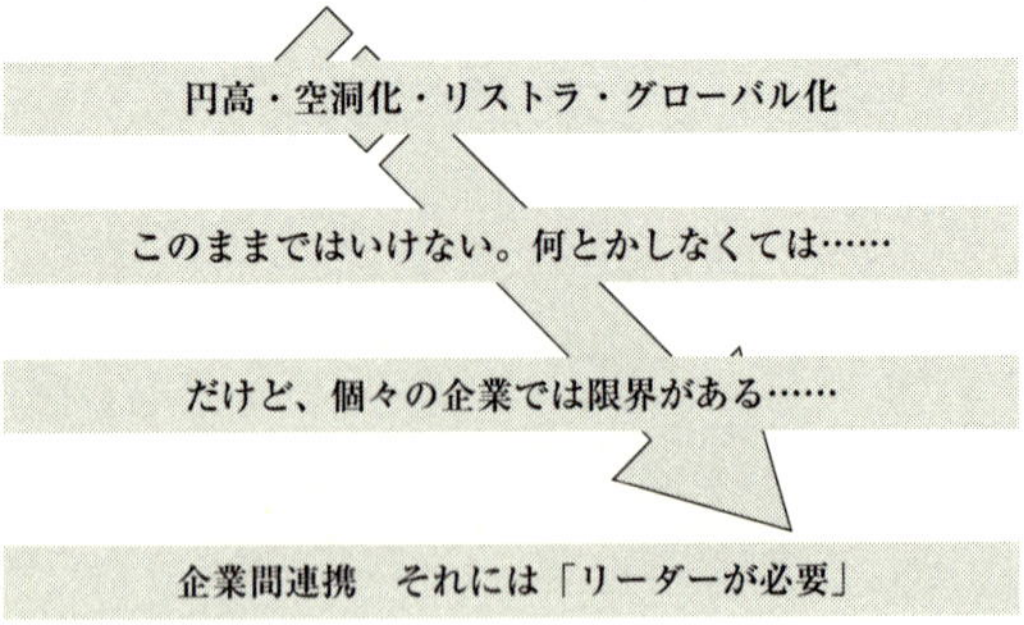

円高・空洞化・リストラ・グローバル化
このままではいけない。何とかしなくては……
だけど、個々の企業では限界がある……
企業間連携　それには「リーダーが必要」

とか現状を維持しようとする企業が多く、これは自滅につながる道筋である。

それまでもうすうす感じてはいたがそのままになっていた問題について、鋭い現状分析に基づく辛口の指摘を突きつけられ、市内の多くの経営者は改めて危機感を持った。そして、一刻も早くこの危機に正面から向き合い企業体質を強化しなければならないとの思いを強くした。しかし、一社ではどうしても「ヒト、モノ、カネ、時間、情報」等々の経営資源の壁にぶつかる。そこで知恵を出し合ったところ、親企業とのタテの連携でなく、地域の企業同士のヨコの連携で知恵や技術を補い合いながら、それぞれの体質強化とレベルアップを図ろうということになった。これが「テクノネット駒ヶ根」の誕生である。そしてまずこの連携を先導するリーダーと組織が必要であるとの共通認識が確認された（図表3—3）。

その結果、「テクノネット駒ヶ根」の初代リーダー（代表幹事）に選出されたのが、前述の芦部次郎さんであった。芦部さんは自分の生まれ育った地域が寂れるのを黙って見ていたくないという思いを人一倍強く持っていた。発足当初掲げられた「テクノネット駒ヶ根」の活動目的は、「二一世紀に生き残れる強い技術・知恵・体質を持った企業を一社でも多く当地域に創る」ということであった。そのために、活動の主眼は旧来型の商品開発や事業創出に向けた異業種連携ではなく、「経営者及び中堅社員の創造的人材育成」に置かれた。それは、「異業種交流で意見を交わすうちは良いが、共同開発や共同受注が実際に動き出して金が絡むようになると必ず活動が停滞する」というこれまでの苦い経験があったからである。

芦部さんはよく次のように語っていた。「人や地域との交流は事業の原点である。自社だけでなく可能な限り多くの企業が強く生き残ることで、生まれ育ったこの地域が廃れないようにしたい。地域の人々が力を合わせ、なんとしても活力あふれる事業に発展させよう」。

「テクノネット駒ヶ根」の運営スタイルの特徴

次に、地域の資源、特に見えない経営資源を掘り起こし地域を強くする「テクノネット駒ヶ根」のユニークな運営スタイルを紹介しよう。「テクノネット駒ヶ根」では、経営体質を強化するための基礎的な研究会・講座等の学習活動のほか、実習や国内外の視察をはじめ時代のニーズを感じ取るための実地活動を通じて、個々の企業を形成する個人の創造性アップを図っている。活動全体の概要は次頁の図表3—4のとおりである。

ところで、一般的に異業種企業交流といえば、通常は各企業が会にメンバー登録をし、会から案内される各種の事業に参加していくといったスタイルをとるが、「テクノネット駒ヶ根」は会員制ではなく、

図表３―４　テクノネット駒ヶ根の活動体制

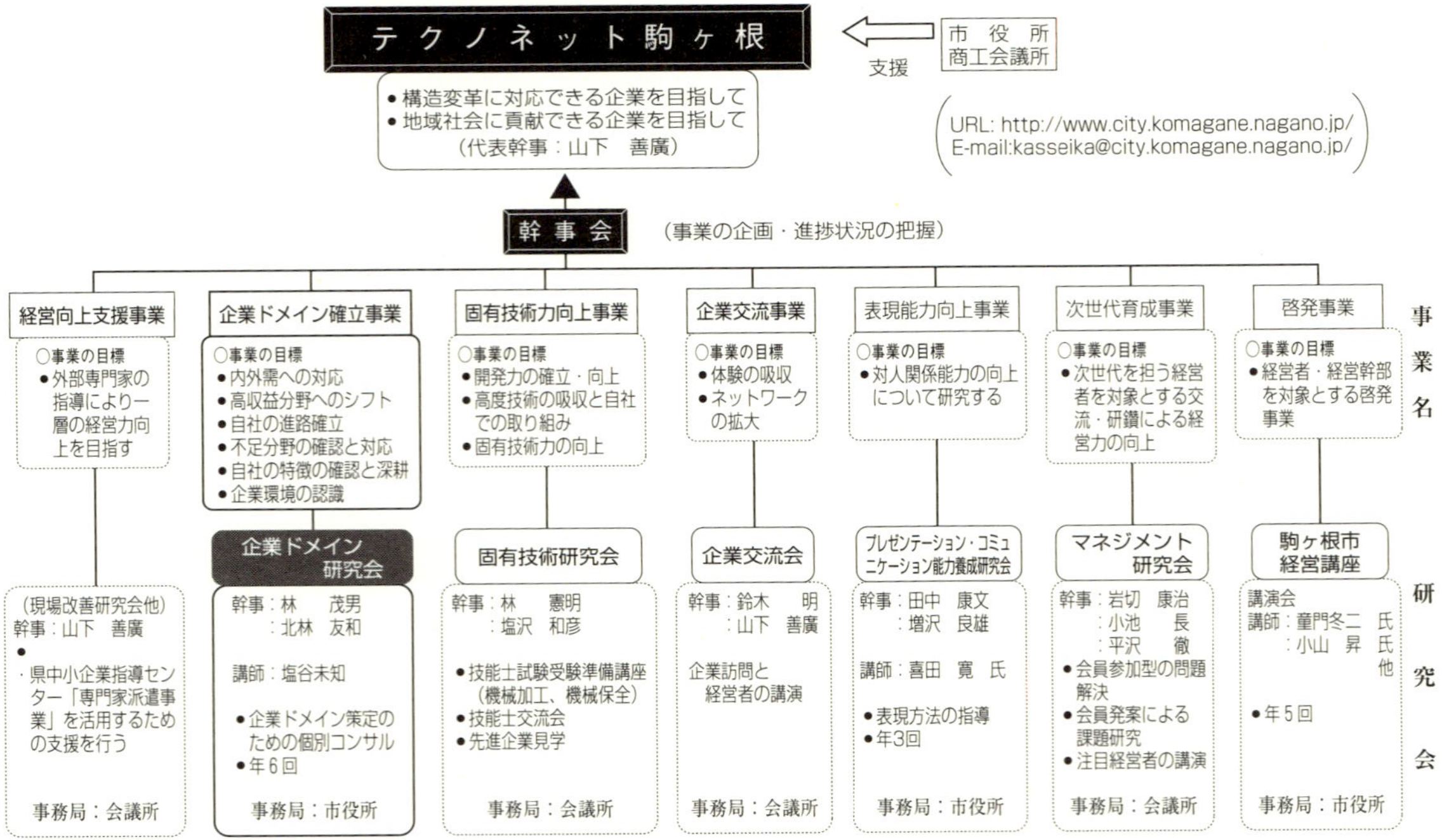
テクノネット駒ヶ根
市役所
商工会議所
支援
●構造変革に対応できる企業を目指して
●地域社会に貢献できる企業を目指して
（代表幹事：山下　善廣）
URL: http://www.city.komagane.nagano.jp/
E-mail:kasseika@city.komagane.nagano.jp/
幹事会
（事業の企画・進捗状況の把握）
事業名
経営向上支援事業
○事業の目標
●外部専門家の指導により一層の経営力向上を目指す
企業ドメイン確立事業
○事業の目標
●内外需への対応
●高収益分野へのシフト
●自社の進路確立
●不足分野の確認と対応
●自社の特徴の確認と深耕
●企業環境の認識
固有技術力向上事業
○事業の目標
●開発力の確立・向上
●高度技術の吸収と自社での取り組み
●固有技術力の向上
企業交流事業
○事業の目標
●体験の吸収
●ネットワークの拡大
表現能力向上事業
○事業の目標
●対人関係能力の向上について研究する
次世代育成事業
○事業の目標
●次世代を担う経営者を対象とする交流・研鑽による経営力の向上
啓発事業
○事業の目標
●経営者・経営幹部を対象とする啓発事業
研究会
（現場改善研究会他）
幹事：山下　善廣
●
・県中小企業指導センター「専門家派遣事業」を活用するための支援を行う
事務局：会議所
企業ドメイン研究会
幹事：林　茂男
：北林　友和
講師：塩谷未知
●企業ドメイン策定のための個別コンサル
●年６回
事務局：市役所
固有技術研究会
幹事：林　憲明
：塩沢　和彦
●技能士試験受験準備講座（機械加工、機械保全）
●技能士交流会
●先進企業見学
事務局：会議所
企業交流会
幹事：鈴木　明
：山下　善廣
企業訪問と経営者の講演
事務局：会議所
プレゼンテーション・コミュニケーション能力養成研究会
幹事：田中　康文
：増沢　良雄
講師：喜田　寛　氏
●表現方法の指導
●年3回
事務局：市役所
マネジメント研究会
幹事：岩切　康治
：小池　長
：平沢　徹
●会員参加型の問題解決
●会員発案による課題研究
●注目経営者の講演
事務局：会議所
駒ヶ根市経営講座
講演会
講師：童門冬二　氏
：小山　昇　氏
他
●年５回
事務局：市役所

すべての事業に参加を義務づけられるなどの拘束性はない。各事業ごとに参加企業を募集するので、自社に不足している部分（能力）を補うためのものだけを選択して参加することもできる。

各事業は、企業経営に最も重要である「企業ドメイン確立事業」を中心に位置づけ、これを支えるものとして「経営向上支援事業」「固有技術力向上事業」「企業交流事業」を設置し、これら四つが柱となって構成されている。さらに、この柱を補うためのいくつかの事業が、その時々のニーズに応じて設置されてきた。そして、各事業はそれぞれ研究会を擁し、勉強会や講演、実習など具体的な取り組みを行う。

各事業でどのような取り組みを行うかについては、二ヵ月に一度行われる幹事会で企画が立てられる。幹事会は代表幹事を中心に一一人の幹事（企業経営者）から構成されている。幹事の年齢構成は四〇代から七〇代までと幅広く、それぞれがフレキシブルな感性と豊かな経験を生かし企画を練り上げていく。各事業の研究会は幹事が数名で担当し、幹事会では担当幹事がそれぞれの事業の進捗状況を報告し、その都度全員で企画をチェックすることで、ニーズを的確に把握した事業となっているかどうかを確認する。

組織運営は産業界主導で行われ、駒ヶ根商工会議所、駒ヶ根市役所商工観光課はあくまでも事務局でありサポート役である。これは初代代表幹事芦部さんが、「官が組織を仕切ると、最初はよいがある程度成果が出始める頃には自然消滅してしまうことが多い。公的機関の場合人事異動のたびにイズム（思い）の継承が断絶してしまうからだ」という自身の苦い経験から訴えたことを受けてのものだった。

さらに、窮屈な活動状況にしないために、従来の異業種交流グループのような組織の規約等は設けていない。これにより常に状況に応じた柔軟な対応が可能となっている。これはいわば中小企業経営者の最も得意とする小回りの良さを生かしたスタイルである。

事業の資金は参加者の負担金と公的機関からの補助金とでまかなわれている。地方都市では都心に比べ、企業が専門の経営コンサルティングを受けるには時間とお金の負担が大きいが、このような形で地域内で研究会等の機会が提供されることによりコストの問題が一定程度クリアされた。参加者からは、研究会等の内容が充実していることはもちろんだが、気軽に参加できる点も高く評価されている。発足当初は五〇〇人程度だった参加人数が、二〇〇〇年には三倍の一五三〇人になり、その後は毎年一〇〇〇人前後で推移しており、過去一〇年間で延べ一万人以上が参加している。

「テクノネット駒ヶ根」の事業内容

次に、「テクノネット駒ヶ根」の各事業の概要を解説しておこう。

①企業ドメイン確立事業――企業ドメイン研究会　本書のテーマでもある「ドメイン」を各企業が確立していくための事業であり、「企業ドメイン研究会」は、前述の通り「テクノネット駒ヶ根」の活動の中核である。同研究会は、ドメイン創造に不可欠の「企業理念」づくり、企業の将来を見据えた「ビジョン」づくりを目的としている。参加者が知恵を出し合い、「自社の売り物は何か」「何にこだわって経営を進めていくのか」「自社の強み／弱みは何か」といったことについて話し合い、課題を明確化しつつ、「キラリと光る独自性」を打ち出すための具体策を研究・議論する場となっている。

②経営向上支援事業――現場改善研究会、他　トヨタ生産方式に代表される、現場改善等による生産効率

向上は非常に有名で、製造現場に携わる方々なら知らない人はいないと思う。「現場改善研究会」も、このトヨタ方式をベースに、企業内（現場）の効率向上を通して経営向上をはかる方策を探るものである。

③固有技術力向上事業——固有技術研究会　技師・技能士などの職業は、職種柄対外的な交流をほとんど持たない。それぞれが高い技術力を持っていながら、会社の垣根を越えてマッチングすることはこれまでなかったといってよい。「固有技術研究会」は、企業の枠を越えた技術者・技能者のネットワークをつくり、互いにより高度な技術を伝授し合い、自社にフィードバックさせていくことで、企業そのものの技術力を向上させることを目的としている。

④企業交流事業——企業交流会　年に五社程度の割合で、製造業を営む地域の中小企業を訪問し、経営方針を聞いたり、製造現場を見学したりする活動を行っている。これまでに五〇社ほどの企業を訪問してきたが、各社が情報をオープンにすることで互いに事業内容や経営理念を学び合うことができている。また、自身では気づかなかった点を評価・指摘し合えるということも有意義である。活動を通して、これまで形成されていなかったヨコの連携が確実に築かれてきている。

また、最近では地元の工業高校の教員と企業経営者との交流の企画も進められており、将来の技術者を社会へ送り出す学校側と、それを受け入れる企業側との連携も生まれつつある。

この交流事業を通して気づいたのだが、興味深いことに地域の経営者同士というものは、商工会議所の集まりなどを通して親しく付き合ってはいるものの、実は互いに相手の会社の事業についてはほとんど知らないという事実であった。だからこそ、改めて訪問し合ってみて驚くほど新鮮な発見があり、まさに「灯台下暗し」であった。

以上の四つの事業が、「テクノネット駒ヶ根」の活動の主軸をなしている。さらにこの四つの柱を支える活動として、「表現能力向上事業――プレゼンテーション・コミュニケーション能力養成研究会」、「次世代育成事業――マネジメント研究会」、「海外研修視察」などの事業を行っている。

また、過去には「創造力開発研究会」「ＩＳＯ連絡会」「商業活性化研究会」など各種の研究会を実施してきたほか、産学連携事業として、大学のゼミ生を招聘し、製造業やまちの発展課題を調査してもらう「駒ヶ根産業調査」や、市の産業の未来を考える「駒ヶ根産業シンポジウム」などの企画を実現してきた。前者の企画では、一九九八年に一橋大学の関満博氏ゼミ、二〇〇〇年には東洋大学の吉田敬一氏（現、駒澤大）ゼミによる調査が行われたが、まちの経営者にとって、息子や孫のような年齢の学生たちから厳しい意見をぶつけられることは初めての体験で、悔しさの反面よい刺激ともなった。

一〇年間の活動を振り返って

「テクノネット駒ヶ根」の活動は、一九九六年六月に初めての幹事会が開かれ、本格的に事業が立ち上がったのはその一年後、翌九七年八月のことであった。代表幹事と、中小企業経営者である幹事たちとが互いに考え方を確認し合い、意見をすり合わせるための時間がどうしても必要だったのである。

発足から一〇年、ここまで来るのには紆余曲折があったが、国・県の機関や各種団体、新聞や地元ケーブルテレビ等マスコミによる紹介のおかげで、今では市民の多くが「テクノネット駒ヶ根」の活動について認知してくれるようになり、それなりの市民権を得ることができたのではないかと思う。何より自信を持って言えるのは、「テクノネット駒ヶ根」の価値を認めてくれる参加企業の人々がいて、その意見を反映しつつ年ごとに企画が刷新されることで、事業の陳腐化を防げているという点である。「テクノネット駒ヶ根」からの企画発信を待っていてくれる方々がいる、そんな事業に育ったと自負している。

さらに、「テクノネット駒ヶ根」は過去に二つの栄えある賞をいただいている。一つ目は、初代代表幹事である芦部次郎さんが個人受賞したもので、「第一六回中堅・中小企業優秀経営者顕彰」（日刊工業新聞、一九九八年一二月）である。受賞内容は「テクノネット駒ヶ根」の立ち上げと事業展開を評価した「地域社会貢献者賞」であり、まさしく芦部さんの「地域に活力を！」という強い思いが形になった受賞であった。

二つ目は、「第一回信州イノベーション大賞」（信州大学イノベーション研究・支援センター、二〇〇六年三月）の「地域おこし賞」である。前述のいわば「挑戦状」ともいうべき産地診断報告書に奮起していた「テクノネット駒ヶ根」の地域活動が、行政に依存せず、地域と共生する新しい異業種交流のモデルとして評価された受賞であった。

外部から活動を評価されたこれらの受賞は本当にうれしかったが、「誰かが自分たちの取り組みを見ていてくれた」という意味では忘れられないことがあった。それは、二〇〇四年八月、長野県内地方銀行主催の講演会での出来事だった。セイコーエプソンの安川英昭相談役が地域産業活性化に関する講演をされたのだが、お話の最後に「テクノネット駒ヶ根」の取り組みを事例として紹介してくれたのである。筆者の一人、小原はその場におり、思わぬことに驚きながらも感激した。「予期せぬところで、誰かが見ていてくれる」ということは、励みになると同時にプレッシャーにもなるが、それゆえにいっそう私たちの思いを支えるエネルギーになっていくのである。

二〇〇七年二月には、活動一〇年の節目の行事として、「テクノネット駒ヶ根事業報告会」を開催した。過去の参加企業を含め、「テクノネット駒ヶ根」に関心を持つ企業の方々が大勢集まってくれた。これを機にこれまでの活動内容をまとめた報告書も作成したが、さすがに一〇年間の記録ともなると、たいへんなボリュームであり、中味の濃いものとなった。

「企業ドメイン研究会」の活動

「企業ドメイン研究会」の活動を始めた当初は、「ドメイン」という言葉を発してもほとんど誰にも理解してもらえないという現実があった。それが今では、「ドメイン経営」の概念の細部までは熟知していなくても、「テクノネット駒ヶ根」と「企業ドメイン研究会」がめざしているものについて、地域の人々がおおよその認識を共有してくれており、研究会に参加した人々の間ではスムーズに議論を進められる素地が出来ている。これは、「企業ドメイン研究会」を通して自社の位置づけを明確にし、ドメイン経営の有効性について理解を深めた経営者が地域に増え、議論の土俵が出来つつあることを意味しているのではないかと思う。

「企業ドメイン研究会」は、二ヵ月かけて参加企業を募集し、毎年六月にスタートする。最初はオリエンテーションを行い、「ドメインとは何か」「なぜ必要なのか」を理解してもらう。その後は、塩谷と参加者が四ヵ月にわたり、延べ約一〇時間程度議論をしていく。

スタート当初は、ドメインを明確に設定したいが何をすればよいのかよくわからずにいた参加者も、研究会で独自に作成した「ドメイン策定シート」（図表3―5）を用いて議論を進めていくうちに、自社の姿を客観的に見つめることができるようになる。

過去一〇年間に「企業ドメイン研究会」に参加した企業数は延べ七〇社を超える（図表3―6）。業種や規模、経営形態（個人事業か株式会社かなど）は多種多様で、「テクノネット駒ヶ根」と「企業ドメイン研究会」が駒ヶ根地域の広範囲に根づきつつあることがうかがえる。

参加企業は、不特定多数の消費者を対象に事業を行っている「B to Cビジネス」（BはBusiness＝事業者、CはConsumer＝不特定多数の消費者を表す）タイプに比べて、製造業では事業者を特定顧客としている「B to Bビジネス」タイプの企業が多かった。業種・取扱品でみると部品・ユニット加工組立業が多く、「B to C」の場合でも不特定多数の消費者ではなく地域の消費者・事業者相手のサービス業の比率が高かった。

この顧客特性の比率は駒ヶ根全体にも言えることで、それには次のような理由がある。中小企業の場合、商品企画力や設計力、流通チャネル力の面で、消費財への展開は難しいことが多い。実際、かつてコア部品製造の技術を活かして最終消費財に展開した大手部品メーカーが、一時的には成功してもそうした側面の脆弱性によって最終的には失敗・撤退するというケースが多かった。また、ビジネスのタイプすなわち「誰が顧客か」によって、事業成功のポイントは大きく違うし、異なるビジネスタイプへの急激な転換は極めて困難である。たとえば調味料の味噌や醤油、ソースなどを考えてみよう。スーパーの店頭で消費者に販売する製品をつくるメーカーが「B to Cビジネス」で、この場合は食料品店や

図表３—５　ドメイン策定シート

<table>
<tr><th>企業概要</th><th>取扱事業・サービス</th><th colspan="2">企業ドメインの検討</th></tr>
<tr><td></td><td></td><td>あなたの会社の提供価値は？お客様には何が評価されていますか</td><td>あなたの会社の強みと他社の特性を組合わせた事業の可能性はありますか</td></tr>
<tr><th colspan="2">事業ヒストリーと特徴</th><td></td><td></td></tr>
<tr><td colspan="2">創業からの自社の歴史を振り返り、時代ごとに経営環境（やるべきこと）、経営資源（やれること）、意思（やりたいこと）を棚卸していく。そのなかに、ドメインを策定するための有力な手がかりが必ず見えてくる。</td><td>製品・事業・サービスをひとつ上の概念枠組みで言うと何ですか</td><td>あなたの会社をどう変えたいですか</td></tr>
<tr><th colspan="2">製品・事業・サービス、顧客、市場の特性</th><td></td><td></td></tr>
<tr><td>業界特性</td><td>強み
弱み</td><td>現在の事業の周辺に新たに展開できることはありませんか</td><td>経営者としてどのような事業に展開したいですか</td></tr>
</table>

<table>
<tr><th>事業提供価値の再定義／企業ドメイン</th><th colspan="2">事業展開イメージ（戦略マップ）</th></tr>
<tr><td>●企業理念
社是の見直しや表現の具体化を行い、日頃こだわって使っている言葉を整理する。また、「生い立ちの時」を思い起こしてみる。</td><td colspan="2" rowspan="2">現事業を起点にどのような事業への展開が考えられるか？</td></tr>
<tr><td>●企業ドメイン
あいまいさとわかりやすさに留意しつつ、あなたの会社の事業を一言で定義してみよう。</td></tr>
<tr><td>●目標
定量目標はドメインにそぐわないし、そこからせっかくのドメインが陳腐化するので、定性目標を据えたい。</td><td>備考</td><td></td></tr>
</table>

図表3－6 「企業ドメイン研究会」参加企業の概要

本書の章	企業名	創業年	企業規模	業種・取扱品	顧客特性	
					B to B	B to C
第4章	株式会社駒ヶ根電化	昭和21	C	金属表面処理加工(めっき)	○	
	ナパック株式会社	昭和41	B	粉末冶金製品・希土類ボンド磁石製品製造	○	
	天竜精機株式会社	昭和34	C	省力化機器開発・製造	○	
	株式会社ヨウホク	昭和26	B	金属製品製造業(プレス加工)	○	
	株式会社トキワ電機	昭和39	B	住宅用ポンプモータ部品ステータASSY製造	○	
	株式会社信濃屋自動車販売(ホンダプリモ駒ヶ根)	昭和24	A	ホンダ新車・中古車販売、自動車整備等		○
	有限会社駒ヶ根ボデー工場	昭和29	A	自動車車体整備(鈑金・塗装)業務		○
	薩摩おごじょ	昭和59	A	本格焼酎飲食店		○
	有限会社ホテルあさひや	昭和初期	A	ビジネスホテル		○
	株式会社五十鈴	昭和38	B	防水処理工事、環境事業、メンテナンス事業	○	
第5章	株式会社ウィンベル	平成6	A	モータ設計・製造・販売	○	
	ＩＡＭ電子株式会社	昭和42	C	厚膜電子部品製造	○	
	上伊那貨物自動車株式会社	昭和17	C	物流サービス業	○	
	株式会社北原商事	昭和43	A	建材卸売、内装・外装工事	○	○
	株式会社塩澤製作所	昭和35	A	精密機械加工、ダイカスト金型設計製作	○	
	伊南電器株式会社	昭和44	B	自動車用ワイヤーハーネス	○	
	株式会社ハヤシ	昭和51	A	HDD用モータ・減速機等の精密切削加工	○	
	株式会社宮澤印刷	明治44	B	総合印刷業	○	○
	株式会社ミコマ技研	昭和55	B	工業用部品トレー、梱包材料の設計・製造	○	
	開陽工業	平成13	A	金属部品切削加工	○	
	日精技研株式会社	昭和34	B	基盤回路・測定機器製造、人材派遣業	○	
	有限会社西山荘	昭和51	A	旅館(静養と麦飯の宿)		○
第6章	酒造株式会社長生社	明治16	A	日本酒製造(純米酒のみの純米蔵)		○
	菅沼木材株式会社	昭和25	A	製材・住宅建築	○	
	唐澤建具店	昭和40	A	建具製造・販売	○	○
	有限会社古島屋	昭和初期	A	紙専門店	○	○
	久保田織染工業株式会社	明治43	B	伊那紬製品一貫製造		○
	株式会社ビジニナル・サービスセンター	昭和46	C	ビルメンテナンス、介護ビジネス、葬祭業等	○	○
	株式会社長野デラップス	昭和25	A	包装資材卸・小売	○	
	株式会社北川製菓	昭和33	B	ドーナツ菓子製造		○
	駒ヶ根モータース	昭和35	A	ホンダ系バイク販売・修理等	○	○
第7章	株式会社マルトシ	大正6	B	食品スーパー		○
	株式会社小林工業所	大正7	A	住宅建築・一般土木施工	○	○
	駒ヶ根グリーンホテル(株式会社グリーニングハウス 中原)	昭和36	A	ビジネスホテル		○
	割烹いわたや（合資会社岩田屋）	江戸後期	A	割烹料理店		○
	有限会社田中燃料店	昭和初期	A	LPG等各種燃料・設備機器販売		○
	株式会社玉屋	昭和22	B	書籍・楽器等販売、英語・音楽教室開催	○	○
	松井自動車工業株式会社	昭和10	B	マツダ・スズキ系の新車・中古車販売、修理		○
	駒ヶ根自動車産業株式会社	昭和34	B	ENEOS系ガソリンスタンド		○
	伊南自動車工業株式会社	昭和36	B	自動車整備工場(ホリデー車検チェーン店)	○	○
	堀内睦税理士・司法書士事務所	昭和53	B	税理士・司法書士事務所	○	
	株式会社コガネイ	昭和9	D	空気圧機器設計・製造・販売	○	
	レストハウスこまがね(丸大食品工業株式会社)	昭和44	B	レストラン、土産販売		○

企業規模
- A　1人～ 19人
- B　20人～ 99人
- C　100人～299人
- D　300人以上

百貨店で取り扱ってもらえなければ事業として成り立たない。したがって、ネーミングやパッケージング、広告宣伝が重要になってくる。一方「B　to　Bビジネス」の場合は、他の加工食品メーカーや飲食店が顧客となり、この場合はQCD（品質・コスト・納期）が最重要となる。一方から他方、とくに後者から前者にいきなり転換するのには多くの困難がともなうことは容易に想像できるだろう。

「B　to　Cビジネス」は、少なくとも商品企画力・設計力と流通チャネル力を備えていないと持続的成功は難しい。逆に「B　to　Bビジネス」は、アイデアやデザインだけでは顧客に利用してもらえないので、QCDを極限まで追求する必要がある。たとえば企業がパソコンを買う場合を考えると、個人の消費者とは異なり、デザイン等よりもQCDの徹底したバランスを重視して選ぶ。

ここまでの章で、ドメイン経営の有効性やドメイン発想のポイント、および「テクノネット駒ヶ根」の活動について述べてきた。次章以降では、具体的な企業の実例を挙げながら、ドメイン経営の実際を紹介していこう。

第4章　自分たちの生い立ちと歴史に学ぶ

DOMAINDOMAINDOMAINDOMAIND

一〇〇年以上続く老舗はもちろんのこと、創業一年の新しい会社であっても、すでに企業としての歴史を有しているものである。起業時の思い、顧客との信頼関係、地域との絆、イノベーションの苦労……自社の歴史のさまざまな節目を丹念にたどることで、不思議と「いま何をすべきか」が見えてくるし、ドメインを確立するためのヒントも得られる。

本章では実例として、このように「自社の歴史に学ぶことでドメインを発想した」一〇の企業を取り上げる。

DOMAINDOMAINDOMAINDOMAIND

筆者の一人、塩谷は、経営コンサルタントとしてこれまで多くの会社経営者とお会いしてきたが、コンサルティングの最初には決まって会社の年表（第2章参照）を作成することにしている。また社史を出している会社ならそれをじっくり読みながらお話を聞く。

そうやって会社の歴史について「棚卸」をすると、経営者は、苦況にあっても自社を肯定的に捉えるようになる。経営者に限らず幹部社員、若手社員も同様で、それによって多くは前向きな一歩を踏み出すことができる。本章では、そうした企業一〇社を取り上げる。

高度成長期以降のマネジメントの変遷

実例に入る前に、一般論として戦後日本、とくに高度成長期以降のマネジメントの変遷についてざっと触れておこう（図表4―1）。一九六〇～七〇年代の日本の高度成長期は生産主導の時代であった。これは後知恵にすぎないが、積極的に設備投資や技術導入を行えば企業が成長できた時代であり、製造業はとにかく生産側の都合で「つくれば売れた」。一九七三年の石油危機を挟んで一時的に低成長に入るが、一年間の停滞を越えてV字回復し、さすがにその後は高度成長とはいかず安定成長期に入った。つくっても売れなければ経営が成り立たないという時代の始まりである。生産主導から営業重視型、さらに自己資本比率の低さを是正すべく財務部門の発言力が強まっていく。

一九八〇年代になると、「新産業革命」の名の下にマイクロエレクトロニクス、新素材、バイオテクノロジーが脚光を浴びる。この頃から長期経営計画、ビジョン、ドメインといった言葉がマネジメントに導入され、八〇年代後半以降のバブル経済とその崩壊のプロセスの中で、リストラ、リエンジニアリング、主力事業の海外移転、人事面での成果主義導入など、効率化をめざすマネジメントが幅をきかせるようになり、今日に至っている。一方でその結果として、日本企業の良き伝統である企業文化や組織的思考・解決能力が失われていったともいえる。また、「選択と集中」によって収益を上げる企業体質は作られたものの、組織から「余裕」を排除することで多様な人材を擁する包容力が失われていることも気がかりである。

このように過去三〇年間をざっと眺めてみると、高度成長期から低成長を経ての安定成長期、バブルとその後始末、続いて訪れた本格的な成熟・グローバル化時代と、日本経済はかなり激しい変化を経験している。時代時代を生き抜いてきた個々の企業はそれぞれに固有の歴史を有しており、そこに自ら学ぶべきことが多くあるのも当然である。

駒ヶ根の企業も、これらの大波を何度もかぶってきた。業種としてはかつては諏訪地区のモータや精密機器のメーカーなどに代表される人員補完型の工業が多かったが、主力顧客である大企業が円高や人件費高騰のあおりを受けて製造現場を海外に移転する傾向が強まり、それに対応すべく大胆に事業構造を転換してきた。特に第3章で触れた「テクノネット駒ヶ根」のきっかけとなった産地診断が実施された一九九〇年代半ばは、極めて厳しい時代であった。八〇年代中盤から円高による製造業の国内空洞化が議論されていたが、内需拡大政策にともなうバブル経済のために対応が遅れ、多くの製造業は苦しみもがいた。しかし、その苦しい時期を生き抜いた企業は、だからこそ自社の歴史に学ぶことが多く、ドメイン経営の軸足をそこに見出していったのである。

図表4—1　高度成長期以降のマネジメントの変遷

1960年代
↓ ●生産（つくれば売れた時代）
1970年代
↓ ●財務・営業
1980年代
↓ ●技術・財テク・グローバル化
●ビジョン・長期経営計画
1990年代
↓ ●リストラ・リエンジニアリング
●成果主義・効率化
2000年代
↓ ●企業文化・組織思考力再構築

第2章で述べたように、わざわざお金と労力をかけて立派な社史をつくらなくても、日誌などの活動記録をもとに年表を作成するだけで、自社の節目を確認することができる。本章では、そこから新たなイノベーションを起こそうとしている企業として**駒ヶ根電化**、**ナパック**、**天竜精機**、**ヨウホク**を取り上げる。

また、これまでの製品（モータ部品）を見事に保管・展示して自社の歴史に学んでいる事例として**トキワ電機**に触れる。さらに、一九六〇年代以降の激しいモータリゼーションに対応して業態を変えてきた企業として**信濃屋自動車販売**（ホンダプリモ駒ヶ根、現、Honda Cars 駒ヶ根）、**駒ヶ根ボテー工場**を、個人史に事業史を重ね合わせることで転換点を発見した企業として**薩摩おごじょ**と**ホテルあさひや**を、若き後継者が自社の歴史から教訓を得て発展する企業として**五十鈴**を紹介する。

社員の心と使いこなした技術を大切に――株式会社駒ヶ根電化

「テクノネット駒ヶ根」の現代表幹事でもある山下善廣さんの経営する**株式会社駒ヶ根電化**は、二代目経営者である山下さんがマネジメント面でのイノベーションを続け、多くの困難を克服して家業から株式会社に転換した。めっき（金属表面処理）という古くて新しい事業への顧客の期待は、ハイテクとは別のところにあると看破し、丁寧な仕上げを心がけ、そのためには社員のモチベーションが大事との強い思いで会社を変えてきた。戦後、物資不足の中でのめっき事業との出会い、ハイテク化、エコロジー志向そしてサービス志向と、創業以来いくつかの節目をつくり出して来ている。

めっき処理製品は自動車部品、コンピュータ部品、電子部品、家庭電器部品等多岐にわたる。とくに重要保安部品の丁寧な仕上げは、創業以来顧客の高い信頼を得ている。最近は中国へも展開し顧客のグローバル化にも対応している。

また山下さんはいち早く環境問題に取り組み、六価クロムレスや鉛フリー対応など、他社に先駆けて量産ラインを確立した。さらに、高い耐食性への市場の期待に応えるため、亜鉛ニッケル合金自動ラインなどにも先進的に取り組んでいる。

先代による創業は戦後まもなくの一九四六年で、最初はロウソクや石鹸などの化成品を手がけていたが、疎開中の同居人がめっき技術者だった縁で表面処理業に進出した。近隣にあった日本発条株式会社のバネ製品加工が最初の仕事だった。一九八一年には生産を集約し全自動二四時間連続稼働を実現したことが起爆剤となり、会社は成長を遂げる。

二代目山下社長はさらに、この二四時間連続稼働をベースに、従来のめっき処理業の概念を超えた「めっき処理サービス業」へと大変革を行った。好況不況を問わず人と設備への投資を行うことで、フレキシブルなＱＣＤ対応力を構築したのである。この業態転換によって駒ヶ根電化は、ハイテクでは必ずしもないものの、使いこなされた技術と設備、そして社員の知恵によって付加価値を生み出す企業となった。

この変革を通じて山下さんは、「人」つまり知恵と工夫を生み出し実行する一人ひとりの社員こそが、駒ヶ根電化の財産だと改めて認識するようになったという。この認識を踏まえての駒ヶ根電化の企業理念は「無限の可能性に挑戦し、最適のめっきサービスを通じ社会に貢献する」「能力の無限の可能性に挑戦し、会社と社員の自己実現を図り、会社と社員の幸せを目指す」というものである。山下さんはこの企業理念を実現するために、経営の近代化を図るべく、ハード・ソフト両面でイノベーションを起こしてきた。一つは、家業から始まって、事業環境や会社の力を見据えながら、機会を捉えて合名会社、合資会社、株式会社へと移行してきたことである。それには所有と経営の関係など、同族経営中小企業特有の様々な障害があったことと推察される。

図表４―２　駒ヶ根電化のドメイン

水＋薬品＋知恵
&
最適 QCD めっきサービス

中央アルプスより流れる清涼な水と高機能な薬品を使用し、当社の限りない経験による知恵と複合させ、お客様が安心してご利用頂ける最適な品質、価格、納期を提供することができるめっきサービス会社を目指します。

出所：同社会社案内

さらに、競争力の源泉は社員のモチベーションにあると考えた山下さんは、オーナー会社としては珍しく社員持株会を設立した。社員は持株と業績に応じて配当を期待でき、モチベーションだけでなくモラールも高まったという。

現在、駒ヶ根電化の日常業務を取り仕切っているのは山下さんの後継者である専務と常務である。筆者たちは、「企業ドメイン研究会」で専務の山下政隆さんと共に駒ヶ根電化のドメイン検討を行った。そこで自社の歴史を繙き、無意識のうちに持っていたドメインをより明確化して設定されたのが、「水＋薬品＋知恵&最適ＱＣＤめっきサービス」である。事業の基礎である表面処理業を「水＋薬品」で表し、そこに社員の知恵や経験、ＱＣＤを高度に組み合わせる、ということである（図表4―2）。駒ヶ根電化の顧客は全国に拡大し、また金属加工に必須の表面処理業における同社の質の高いサービスは、地域の金属加工業全体の競争力をサポートしてもいる。

事業構造の大変換――ナパック株式会社

ナパック（ＮＡＰＡＣ）株式会社会長の鈴木明さんとお会いするといつも感心するのだが、同社では経営活動に関する資料が実に見事に整理されている。求めればすぐに適切な資料が出てくることには毎度ながら驚く。整理整頓が徹底しているだけでなく、毎年の事業計画と実施結果についての記録がきちんとされており、目標が社内で共有され、歴史の振り返りとそれに基づく前進がいつでもできるようになっている。

ナパックは一九六六年、有限会社南信電器製作所の名で、大手電機メーカーの女子労働補完型モータの組立業として創業した。以後約二〇年にわたりDC（直流）マイクロモータの組立を行う。創業後一〇年の急成長を経て、国内人件費の急騰や円高などによりDCマイクロモータ組立業の海外移転が進む。その間、モータの機能部品である「含浸軸受」の製造に着手し、軸受メーカーとしてよりよい製品づくりに努力を重ねる。その後一九八〇年代にモータ組立を撤収し、焼結金属部品の専業メーカーへと事業転換した。構造変革の流れの中で、「二一世紀は粉の時代」という認識に立ち、粉末を原材料とする技術領域に拡大していったのである。

NAPACは、N＝南信→長野→日本→National、A＝Alloy（金属）、P＝Powder（粉）、A＝And、C＝Complete（完成品）という意味を表している。伊那谷＝南信州に軸足を置きつつ、新しい技術領域に絶えず挑戦していく意思を表現したものだ。現会長の鈴木さんに初めてお会いしたときに感銘を受けたのは、静かな語り口のなかにそうした意思が強く感じられたことと、会社の歴史をいつでも振り返ることができるよう記録を重視していること、経営内容のディスクローズが高いことであった。特に「会社の歴史」に関しては、事業の構造転換、売上の変遷とその間の対策が年表にダイナミックに展開されているのを見て取ることができる（図表4―3）。ナパックでは、経営で悩んだり大きな決断を要する時にはいつでもこの「歴史」に立ち戻り、ブレイクスルーのヒントを見つけることができるのである。

図表４—３　ナパックの歴史

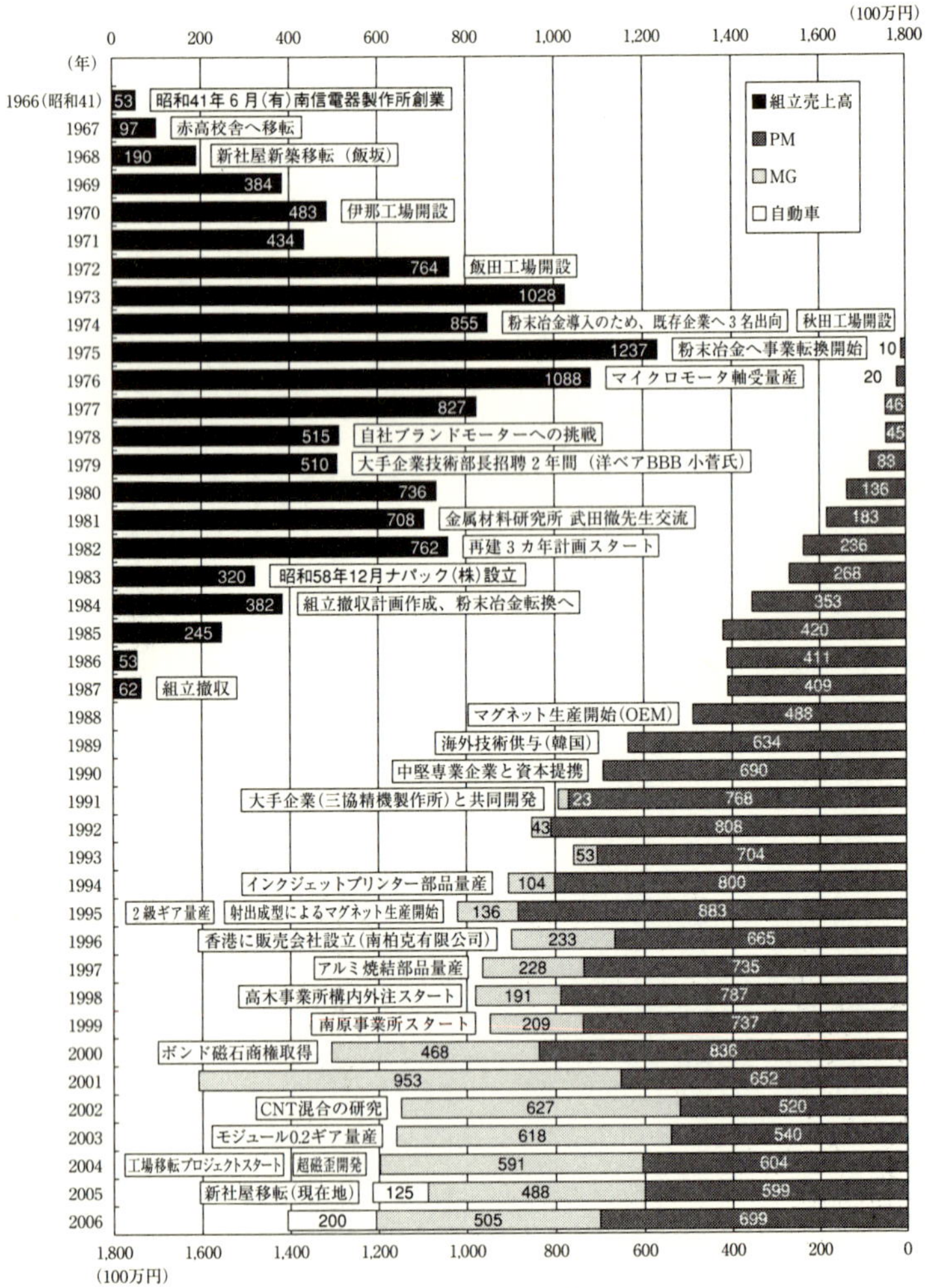

(100万円)
0 200 400 600 800 1,000 1,200 1,400 1,600 1,800
(年)
■組立売上高
▩PM
▨MG
□自動車
1966(昭和41) 53 昭和41年６月(有)南信電器製作所創業
1967 97 赤高校舎へ移転
1968 190 新社屋新築移転（飯坂）
1969 384
1970 483 伊那工場開設
1971 434
1972 764 飯田工場開設
1973 1028
1974 855 粉末冶金導入のため、既存企業へ３名出向 秋田工場開設
1975 1237 粉末冶金へ事業転換開始 10
1976 1088 マイクロモータ軸受量産 20
1977 827 46
1978 515 自社ブランドモーターへの挑戦 45
1979 510 大手企業技術部長招聘２年間（洋ベアBBB小菅氏） 83
1980 736 136
1981 708 金属材料研究所 武田徹先生交流 183
1982 762 再建３カ年計画スタート 236
1983 320 昭和58年12月ナパック(株)設立 268
1984 382 組立撤収計画作成、粉末冶金転換へ 353
1985 245 420
1986 53 411
1987 62 組立撤収 409
1988 マグネット生産開始(OEM) 488
1989 海外技術供与(韓国) 634
1990 中堅専業企業と資本提携 690
1991 大手企業(三協精機製作所)と共同開発 23 768
1992 43 808
1993 53 704
1994 インクジェットプリンター部品量産 104 800
1995 ２級ギア量産 射出成型によるマグネット生産開始 136 883
1996 香港に販売会社設立(南柏克有限公司) 233 665
1997 アルミ焼結部品量産 228 735
1998 高木事業所構内外注スタート 191 787
1999 南原事業所スタート 209 737
2000 ボンド磁石商権取得 468 836
2001 953 652
2002 CNT混合の研究 627 520
2003 モジュール0.2ギア量産 618 540
2004 工場移転プロジェクトスタート 超磁歪開発 591 604
2005 新社屋移転(現在地) 125 488 599
2006 200 505 699
1,800 1,600 1,400 1,200 1,000 800 600 400 200 0
(100万円)

出所：同社提供資料より作成

ナパックの企業理念は「よい仲間（働く仲間、協力工場及び得意先など仕事を通じてみんな仲間である。お互いに信頼しあって協力し、よい仲間を多くしよう）、よい考え（深く、広く、新しく、考えの環を無限に広げ、具現化しよう）、よい仕事（仲間がみんなお互いに、喜びを分かちあえる仕事をしよう）」である。誰にもわかる親しみやすい言葉で、「地域に育てられ地域を育てる企業」というイメージが力強く伝わってくる。

「企業ドメイン研究会」には、現社長の鈴木隆さんと常務の田畑宏喜さんが参加し、ナパックの金属粉末製品の研究開発と事業展開、「粉」と「仲間」のドメインを検討した。その後同社ではこれらのドメインを軸に据えた「ナパック憲章」をまとめあげ、軸足のブレない経営をめざし日々躍進している。

誠を尽くして事を為す――天竜精機株式会社

携帯電話、パソコンなどあらゆるエレクトロニクス製品に使われているプリント基板のコネクターの自動組立技術では、日本は世界一を誇っている。その有力企業のひとつである**天竜精機株式会社**は、「テクノネット駒ヶ根」の提唱者でもある芦部次郎さんが育てた会社である。芦部さんは自社の経営の経験から、中小企業ほどドメイン経営が必要であることを実感し、「テクノネット駒ヶ根」を通じて地域の企業に提唱していった。

天竜精機は、芦部さんの御尊父で初代駒ヶ根市長を務めた芦部啓太郎さんら地元有力者が、地域の雇用確保を一つの大きな目的として設立したのが始まりである。当初は地元大企業から組立を請け負い、一〇〇名以上の女性がラインに付ききりで毎日何万個もの電子部品を組み立てるという、典型的な労

図表４—４　天竜精機の創業時の様子

1959年創業時の社屋２階

同、１階

出所：同社提供資料

働集約型企業であった（図表４—４）。

大手光学機器メーカーに技術者として勤めていた芦部さんが入社してから、徐々に大手の下請業態を脱却していく。当時のことを芦部さんは次のように語っていた（『経営者会報』二〇〇〇年三月号）。「工場なのに油の匂いがしない。（…）何か〝動くもの〟をつくりたかった、時価商売をしたかった」。一九六〇年には治工具・金型製造に着手し、人材も設備も資金も、すべてないないづくしの中で、地元の駒ヶ根工業高校出身者を技術者として育成しながら、省力設備の設計・製造など新たな分野に取り組んでいった。七一年にはそれまでの部品加工組立から撤退し、二つの事業領域を設定する。一つは「省力自動機メーカーとしてどんな自動機でも手がけ、一品一様の専用機をつくること」、もう一つは、フォーミングマシン、レンズ加工機などのカタログ商品（標準機）の製造である。前者については、一品一様のためリスクが大きく、工期も長く、リピートも予想外に少なかったため厳しい時期が続いた。後者の方は順調に売上を伸ばしたが、時代の変化とともに一九九〇年代にはレンズ加工機が製造中止となり、表面実装関連機器をいくつか手がけた後、現在ではクリームはんだ印刷機に展開している。

「専用機」の挑戦は、収益的には厳しかったものの、顧客の要求水準を超える製品を開発・製造することを少しずつ積み上げることで会社の技術の幅が広がり、深まった。一九八七年頃から、それまで培った技術と市場の流れを見極めた上で、コネクターの自動組立機に的を絞ることにより、固定客数も増加し、技術の蓄積も一層進み、リピートも増えて利益を出せる体質に変わっていった。この時期のドメインは、製造するものを「片手に乗る範囲のワークで、固いもの」に絞り、具体的にはプリント基板周りのコネクター自動組立機を一つの大きな柱としたことである。こうした自社の歴史を通して、芦部社長は「ドメイン経営」の重要性を強く認識していった（図表4―5）。

そして天竜精機は現在、芦部さんのご子息喜一さんに受け継がれている。大手自動車メーカーの生産技術者として活躍していた喜一さんは、企業理念、ドメイン、長期目標の再確認・再定義から着手した。その若さと感性が若い社員を動かし、創業以来の節目（創業、自動機への展開、コネクター自動機への集中）につづいて、いま四回目の大きなイノベーションを起こしつつある。「企業ドメイン研究会」には、竹村勇一さん、蟹沢正明さん、中島洋さん、北村和雄さんら、そうした若い社員が参加された。企業理念は「尽誠為事（誠を尽くして事を為す）」で、社内でその意味を共有するためわかりやすい解説が付されている（図表4―6）。さらにそれを行動指針やビジョン・ブック「成長する木々」に具体化し、事業展開の軸足としている。同社では最近にも、勤続四〇年以上のベテラン社員を中心として、これまでの技術蓄積や製品戦略を改めて整理し原点を再確認する作業を行った。経営者が代わった段階で、そ

図表４―５　天竜精機の歴史

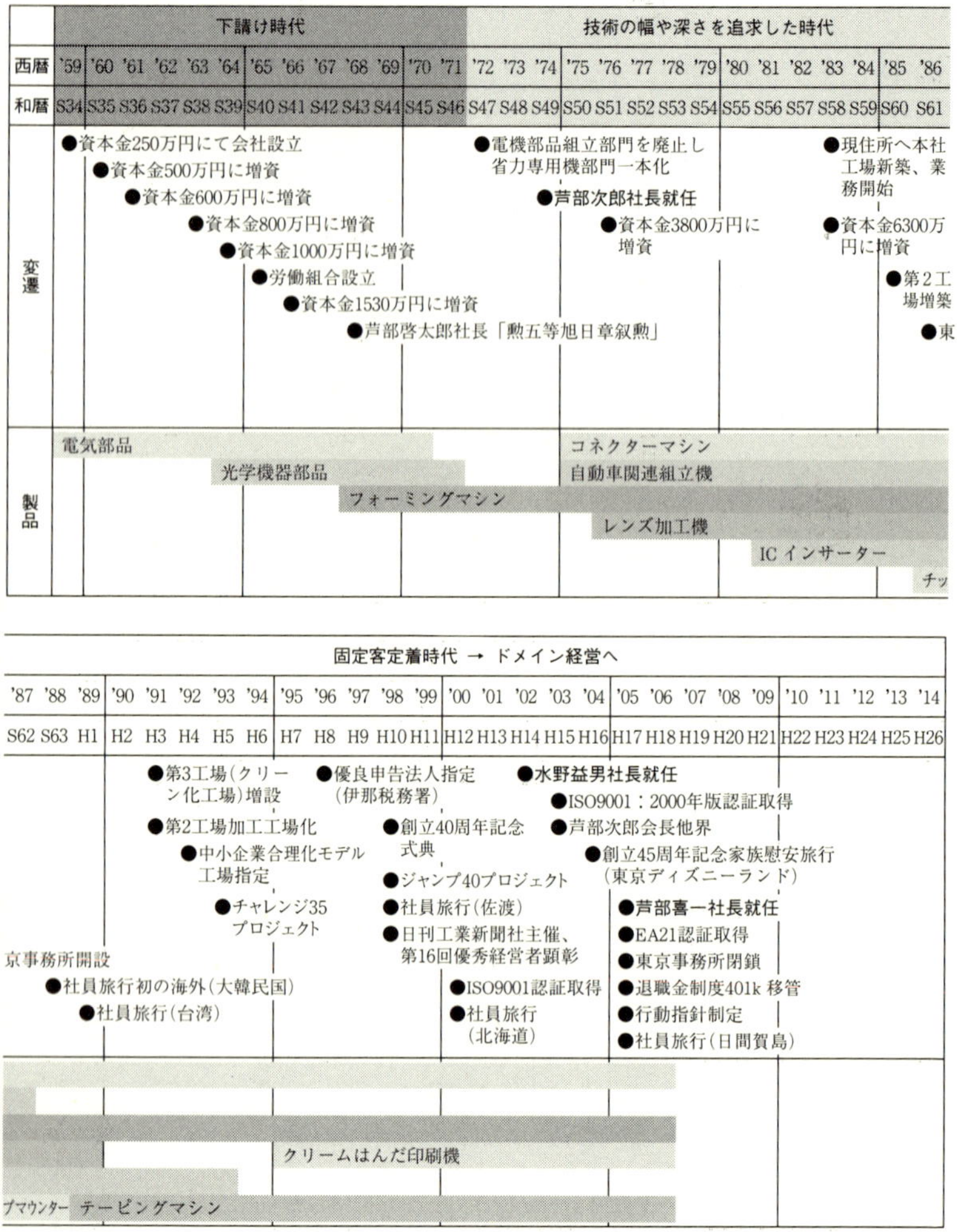
下請け時代
技術の幅や深さを追求した時代
西暦
'59 '60 '61 '62 '63 '64 '65 '66 '67 '68 '69 '70 '71 '72 '73 '74 '75 '76 '77 '78 '79 '80 '81 '82 '83 '84 '85 '86
和暦
S34 S35 S36 S37 S38 S39 S40 S41 S42 S43 S44 S45 S46 S47 S48 S49 S50 S51 S52 S53 S54 S55 S56 S57 S58 S59 S60 S61
変遷
●資本金250万円にて会社設立
●資本金500万円に増資
●資本金600万円に増資
●資本金800万円に増資
●資本金1000万円に増資
●労働組合設立
●資本金1530万円に増資
●芦部啓太郎社長「勲五等旭日章叙勲」
●電機部品組立部門を廃止し省力専用機部門一本化
●芦部次郎社長就任
●資本金3800万円に増資
●現住所へ本社工場新築、業務開始
●資本金6300万円に増資
●第２工場増築
●東
製品
電気部品
光学機器部品
フォーミングマシン
コネクターマシン
自動車関連組立機
レンズ加工機
IC インサーター
チッ
固定客定着時代 → ドメイン経営へ
'87 '88 '89 '90 '91 '92 '93 '94 '95 '96 '97 '98 '99 '00 '01 '02 '03 '04 '05 '06 '07 '08 '09 '10 '11 '12 '13 '14
S62 S63 H1 H2 H3 H4 H5 H6 H7 H8 H9 H10 H11 H12 H13 H14 H15 H16 H17 H18 H19 H20 H21 H22 H23 H24 H25 H26
●第3工場（クリーン化工場）増設
●第2工場加工工場化
●中小企業合理化モデル工場指定
●チャレンジ35プロジェクト
京事務所開設
●社員旅行初の海外（大韓民国）
●社員旅行（台湾）
●優良申告法人指定（伊那税務署）
●創立40周年記念式典
●ジャンプ40プロジェクト
●社員旅行（佐渡）
●日刊工業新聞社主催、第16回優秀経営者顕彰
●ISO9001認証取得
●社員旅行（北海道）
●水野益男社長就任
●ISO9001：2000年版認証取得
●芦部次郎会長他界
●創立45周年記念家族慰安旅行（東京ディズニーランド）
●芦部喜一社長就任
●EA21認証取得
●東京事務所閉鎖
●退職金制度401k 移管
●行動指針制定
●社員旅行（日間賀島）
クリームはんだ印刷機
プマウンター
テーピングマシン

出所：同社提供資料

図表４－６　天竜精機の企業理念と行動指針

●企業理念　　**誠を尽くして事を為す**

誠を	誠実な心と行動で
尽くして	精一杯
事を	約束、仕事を
為す	やり遂げる　これを通じて　社会の発展に寄与する

●行動指針

1．私たちは　全ての仕事がお客様の満足に繋がっている事を知っており、お客様との約束を守る事に　各々の立場で誠を尽くします。

2．私たち社員は、社員同士　お互いに誠を尽くします。
お互いとお互いの仕事を尊重し、正しい情報を提供、共有化し、協力し合って　一つの事を全員で為し遂げます。
その為　現地現物、「観える化」を推進し、言える事、聞ける事、相談する事、助け合う事、そしてスピードを大切にします。

3．私たちは常に前を向き、「どうしたら出来るか？」を考え、
全員が主人公意識をもって　何よりも実行する集団であり続けます。

4．私たちは変える事を尊び、同じやり方に固執しません。
より良いやり方、より良い製品に挑戦し続け、常に最高を追い求めます。

5．私たちはオープンでフェアな会社を追求し、利益を社員及び社会に還元します。
社会と協調し、社会の発展に寄与する事を存在意義と考えます。

出所：同社提供資料

れまでの価値観を再確認することで、軸足のブレない経営を続けているのである。

快適空間の創造——株式会社ヨウホク

株式会社ヨウホクは、一九五一年の創業以来、プレス製品を金型から加工し、組立までを一貫して行っている企業である。プレス、パイプ、溶接加工の技術分野を中心に幅広い顧客を持ち、試作から量産、小ロット品まで、金属加工分野での対応の幅は広い。現在ではオフィス什器、エクステリア部品、住設・建築用機器、福祉機器などにも展開している。社長の北林友和さんはじめ、経営陣と話していると、金属加工をベースとしたものづくりへの熱い思いが伝わってくる。

「企業ドメイン研究会」には、社長の従兄弟で開発リーダーの北林勇さん、弟さんで取締役営業開発部長の久幸さん、息子さんで取締役営業開発課長の元さんが参加された。それ以前から、北林社長とはヨウホクのドメインについてずいぶん議論を重ねた。技術的には「プレス、パイプ、溶接加工」だが、今後どのような事業領域に展開していくのかについて、製品の面から、住宅の絵を描いて整理してみた（図表4―7）。これを見ながら自然に出てきたのが「提案します　住まいに快適空間を！」という言葉だった。時に意識して、時に無意識に、金属加工という技術で「住まいの快適空間」を実現することが、ヨウホクのドメインとなっていたわけだ。

　これらの住環境製品はいずれも、取引先企業から厚い信頼を得ている。特筆すべきは、ホームエレベーター、折りたたみリヤカー、またバイオマスとして脚光を浴びているペレットストーブ（木材屑を燃料とする）など、自社開発製品である。ホームエレベーターは自社設計・製作で、「企業ドメイン研

図表4—7　ヨウホクのドメイン（イメージ）

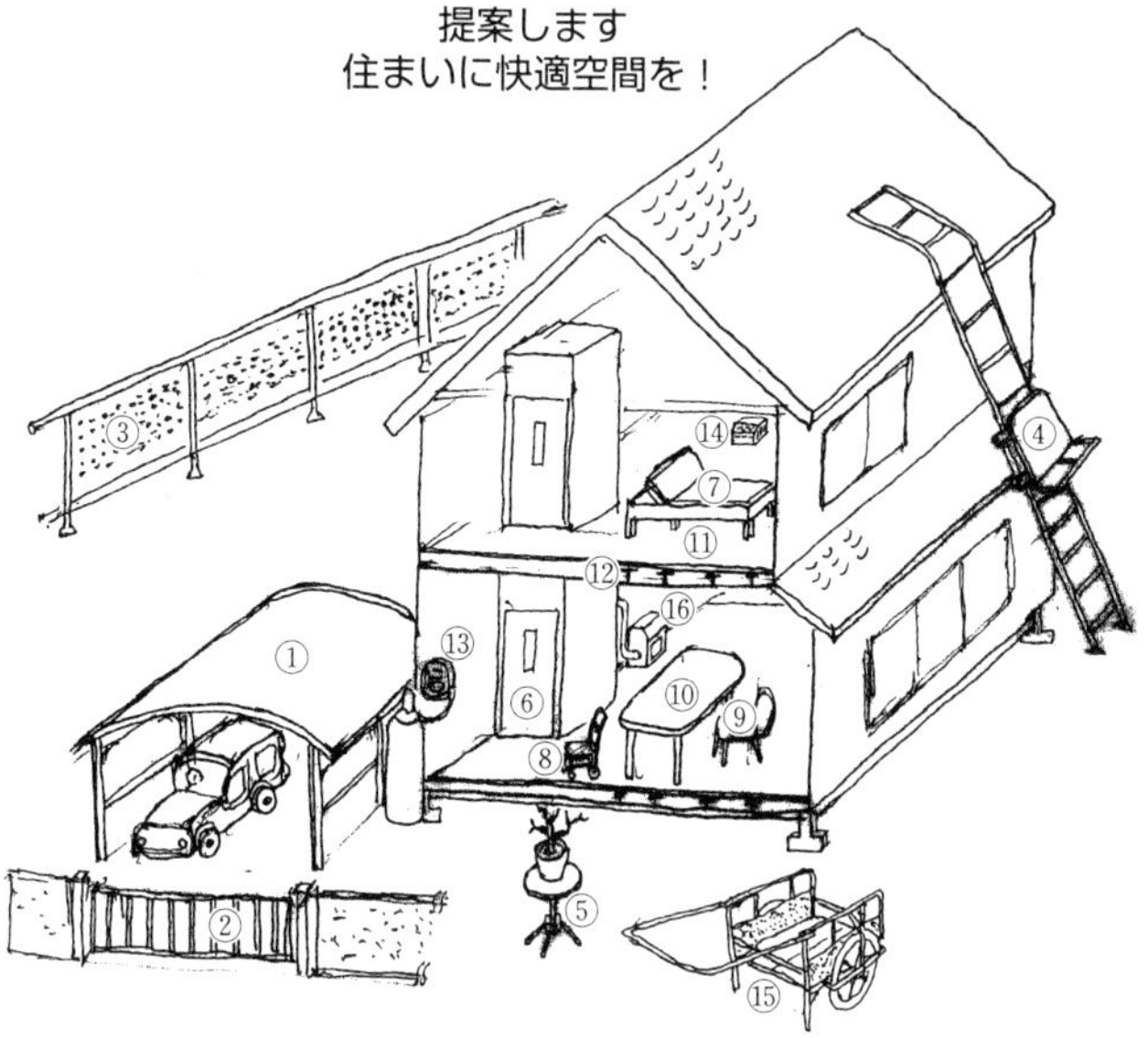

① カーポート
② オーバードアー
③ フェンスパネル
④ 瓦揚げ機
⑤ 快適台
⑥ ホームエレベーター
⑦ 福祉機器
⑧ 室内車椅子アイスレッヂ
⑨ 固定イス，回転イス，折りたたみイス，劇場用イス
⑩ テーブル，穴あけパンチ，コピー機
⑪ 床暖房パネル
⑫ 二重床アンカー
⑬ ガスメーター
⑭ 消臭機
⑮ 折りたたみリヤカー
⑯ ペレットストーブ

出所：同社提供資料

究会」が始まった一九九六年頃から試作販売にとりかかっていた。三尺四方の省スペースタイプで、住宅リフォームの際簡単に後付けできるところが大きな特徴である。二階建ての家の場合、当然二階の方が日当たりも良く快適なのに、足腰の弱ったお年寄りはどうしても一階に住むことを余儀なくされる。そこで北林社長は、お年寄りが二階を活用できるようにとの思いでこのホームエレベーターを開発したという。また折りたたみリヤカーは、アウトドアや防災に最適の商品で、

折りたたむと車のトランクに収まる軽量コンパクト設計である。

開発には苦労もあったが、これらの製品の製作によってヨウホクの事業・技術領域は拡大した。たとえばホームエレベーターなら、住宅メーカーと提携してアフターサービスを行うなど、開発・製造以外の業務も要請されたためである。部品製造に関しては、完成品メーカーとのコミュニケーションを深め、システム上の問題やサービス業務も理解した上で部品やユニットの設計・製造を行うようになった。これらのことが同社のドメイン形成に役立ったことは言うまでもない。今後は、設計開発の技術提供サービスそのものも、事業として展開しうる分野であろう。

完成品の部品だけでなく、自社開発製品までつくってしまう、ものづくりを愛する企業ヨウホクは、今後もその技術とサービスによって「快適空間」を生み出し、多くの顧客の要請に応えていくだろう。

過去の製品を展示し歴史に学ぶ——株式会社トキワ電機

株式会社トキワ電機は一九六三年に創業し、七一年に法人化した交流モータの組立会社である。社長の小松原茂樹さんが「企業ドメイン研究会」に参加された当時は有限会社であったが、二〇〇一年には株式会社として新しく出発した。同社の工場を訪問して驚くのは、過去の製品を時系列に並べ、実に見事に展示してあることだ（図表4—8）。外観はごく普通の工場だが、一角にこの展示スペースがあり、これまでの製品がガラスケースにずらりと並んでいるのを見ると壮観である。中小企業に限らず、受注生産型企業では目先の仕事をこなすのに追われ、気がつくと作りっぱなしで何年、何十年も経ってしまうことが多いが、このように製品を大切に保管して自社の歴史の振り返りに役立てることは極めて重要

図表４―８　トキワ電機の製品展示

出所：同社提供資料

である。困難にぶつかったとき、それらの製品が何らかのヒントを与えてくれるはずだからだ。

トキワ電機は、かつて伊那谷で盛んに作られていた小型モータ部品の製造が出発点だった。「企業ドメイン研究会」の参加企業の中では他にも前述のナパックや、**伊南電器、ウィンベル、ハヤシ**（いずれも第５章参照）などが同様の生い立ちである。しかし小型モータの組立の海外移転が進んだのちは、部品加工を徹底した企業、組立を徹底し川下化を図った企業、設計に特化した企業など、各社それぞれの顧客や技術領域によってその後の展開は大きく異なる。

トキワ電機は長い間、住宅用ポンプモータ部品として使用されている交流電動機ステータＡＳＳＡＹを製造してきた。巻線工程からコイル挿入、成型まで、その優れた技術力と小回りの利く生産体制は、顧客から絶大な信頼を得ている。現在の事業展開が可能となったのには、取引先すなわち住宅用ポンプモータ生産会社との出会いが大きい。一九八〇年には、ステータＡＳＳＡＹの生産がほぼ一〇〇%となり、以来住宅着工件数やリフォーム件数の増減に左右されるものの、住宅市場という比較的安定した、かつ巨大な市場を背景に、モータ部品メーカーとしてQCD（品質、コスト、納期）マネジメント力を高く評価され、安定した業績が続いている。最近では、取引先のグループ企業として伊那谷に第二工場を稼働させ、さらなる飛躍を目指している。

同社は企業理念として、次の三つの「追求」を掲げている。まず「真の豊かさの追求」（社員、仕事の内容、待遇、チームワーク、生活、それぞれの満足感の追求）、「顧客満足の追求」（QCD、技術変化への対応、安心・満足の追求）、そして「地域社会から信頼される会社づくりの追求」（繁栄と持続、環境等への配慮）である。三つ目の「追求」からは、熟練社員のスキルが重要な意味を持つビジネスであるため、社員だけでなく社員の属する地域社会への配慮が同社にとって大きな意味を持っていることがうかがわれる。

企業ドメインは、住宅用ポンプモータ部品というニッチ市場の部品組立専門企業として、これまでの事業を深掘りしていくことである。加えて、量産組立から、多品種少量の試作・組立、さらに周辺分野の試作・組立への展開などが考えられる。どのような事業展開になろうとも、「会社や事業の仕組み（コト）と社員の意気（ココロ）を重視して高度なQCDマネジメントを実現する」という理念を軸に据えることがトキワ電機の経営の根幹である。

いつでも歴史を振り返ることができるよう、製品を大切に保管し、社員のココロを重んじるトキワ電機のドメインの安定性、マネジメント力、結束力の強さには、他社にはなかなか追随できないものがある。

楽しいカーライフの提供――株式会社信濃屋自動車販売（ホンダプリモ駒ヶ根）

ホンダプリモ駒ヶ根（現、Honda Cars 駒ヶ根）を営む株式会社信濃屋自動車販売は、戦後の混乱が収まりつつある一九四九年に創業した。創業時は自転車とオートバイの販売を行っていたが、モータリゼーションの本格化にともない、四輪車販売に事業の重心を移し、成長を続けてきた。創業五〇周年の節目に、二代目社長の福澤秀宏さんが「企業ドメイン研究会」に参加された。ホンダとの販売店契約を結んで三〇年の節目の年でもあり、ホンダのコンパクトカー「フィット」が大ヒットとなっていた時期でもあった。

戦後、人々の日常の足として最も重要な役割を果たしていた自転車の取扱からスタートした会社は数多い。その後は、自転車を極めた企業、オートバイに事業を拡げ深掘りした企業、そして信濃屋のようにホンダの軽自動車・普通自動車への展開に合わせて業容を拡大した企業に分かれる。福澤さんはホンダの先進性、独創性に惹かれたこともあり、モータリゼーションの拡大の中、ホンダの成長と共に歩んできた。信濃屋の発展は、モータリゼーションに対応しうる販売力・技術力を備えたスタッフに恵まれていたことが大きい。

信濃屋には、一九四九年の第一の創業、そして七三年の第二の創業（ホンダとの販売店契約とその後の民間車検場への展開）と、二つの創業の時代がある。第二の創業では、車検場の開始により、地域に根づいた自動車販売会社として自立した。二代目の福澤さんはこの第二の創業期に会社を前進させた人物である。

図表4－9　Honda Cars 駒ヶ根の社屋

出所：同社提供資料

日本のモータリゼーションの歴史と重なる同社の五〇年の歴史は、強力な顧客基盤、スタッフのサービス力によって支えられている。車検実施率の高さは、地域の顧客からの高い信頼度を示している。伊那谷では車は必需品だが、車という商品は、購入にあたってユーザーのライフスタイルや価値観を大きく反映する。同社ではそうした顧客動向への感受性を高めながら、車好きのスタッフと社長が、ディーラーとしてホンダの価値観に共鳴しそれをアピールしていくことをドメインとして重視している。福澤社長は、「ホンダらしい、楽しいカーライフ」を顧客に提供し続けることが、五〇年以上の歴史をもつ自社の提供価値の真髄と考えている。

そして信濃屋では、いままた「第三の創業」を目指している。自社の五〇年にわたる歴史を読み解きながら、少子高齢化、ディーラーやメーカーの販売活動地域・領域のボーダレス化など、時代の流れを読み取り、大きな節目をつくる時期と認識したのである。ショールームの増改築、個人依存型の組織形態からの脱却など、経営のイノベーション諸策のほか、二〇〇六年九月には店名を「ホンダプリモ駒ヶ根」から

「Honda Cars 駒ヶ根」に改称し、さらなる飛躍に向けてスタートを切った（図表4―9）。

顧客構造の転換――有限会社駒ヶ根ボデー工場

有限会社駒ヶ根ボデー工場は、トラック・バス主体の修理工場から出発して、モータリゼーションの波に対応し、マイカー所有の個人へと顧客構造を大きく転換した会社である。戦後の復興期に初代社長は兄の経営する建設会社に入社し、その中のトラック修理部門に配置された。そこからビジネスとしての車との関わりが生まれ、一九五四年に独立した。社名の「ボデー」は、英語のボディーに由来しているが、「ボディー」よりも耳と口に馴染みがよいということで付けられたそうである。創業当時はまだモータリゼーションが本格化しておらず、車といえば産業財すなわちバスやトラックが主体で、地元の有力なトラック会社、バス会社を顧客として修理や架装を請け負い、成長していく。

現社長の池上公司さんが入社した一九七〇年代になると、それまでの主力顧客であったトラック・バス会社が自前で修理を始めたこともあり、特定顧客に依存する経営の限界が見え始め、顧客構造の転換を迫られる。モータリゼーションが進み、個人所有の乗用車が需要の多くを占めるようになったことで、ディーラー系・独立系の自動車修理・整備会社というライバルも増えてきた。同社ではこうした市場の変化に果敢に挑戦し、直接ユーザーに働きかけたり、ディーラー系・独立系自動車販売会社とのネットワークを築くなど、マイカー需要の取り込みを図った。以後、それまでに培った鈑金・塗装技術に強みを持ったユニークな会社として存在感を高めていく。

駒ヶ根ボデー工場の環境適応策は、世の中の流れに素直に従ったと見えるかも知れないが、顧客を変えるということは実は傍から見るよりきわめて難しいことである。とくに特定顧客に依存してきた事業形態を完全に変えること、流行りの言葉でいえばビジネスモデルを変えることには多くの困難がともなう。また、対象とするモノの違いも大きい。車体が大きく丈夫で、QCDが極限まで求められるバスやトラックの世界から、出来映えやサービスなど情緒的な「ココロ」の面も強く要求されるマイカーの世界への転換は、同社の大きな節目でありイノベーションといえる。

一九八〇年代半ば以降は、ユーザーに直接働きかけるためにニュースレターを定期的に発行し、現在二〇〇号の大台に達している（図表4―10）。その時々の季節感を表現しながらタイムリーな提案を行っており、顧客の潜在的ニーズを確実に掘り起こしている。

池上社長は、後継者であり「企業ドメイン研究会」に参加されたご子息の仁司さんとともに、快適なカーライフの提供をめざし、さらなるサービス領域の拡大と質の向上に努めている。「地域の人々の快適さ」、「健康・貢献・向上・感謝」、そして「顧客の相談に乗りたいという意思」を企業理念→ドメインに据え、次の大きなイノベーションを目指している。

本格焼酎で信州に新しい食文化を――薩摩おごじょ

本格焼酎の飲食店、**薩摩おごじょ**（「おごじょ」は女性の意）の女将、中村頼子さんは、「自社の歴史や顧客提供価値の棚卸」について、自分の個人史とあまりにも重なってしまうことから最初は抵抗感があったようだ。しかし、実際に自分の人生と店の歴史を振り返ってみると、「案外まじめにやってきたなあ」という思いが生まれ、肯定的になり、事業への意欲が出て、持続的な経営に向けて業態を変えた。

図表4—10　駒ヶ根ボテー工場のユーザー向けニュースレター

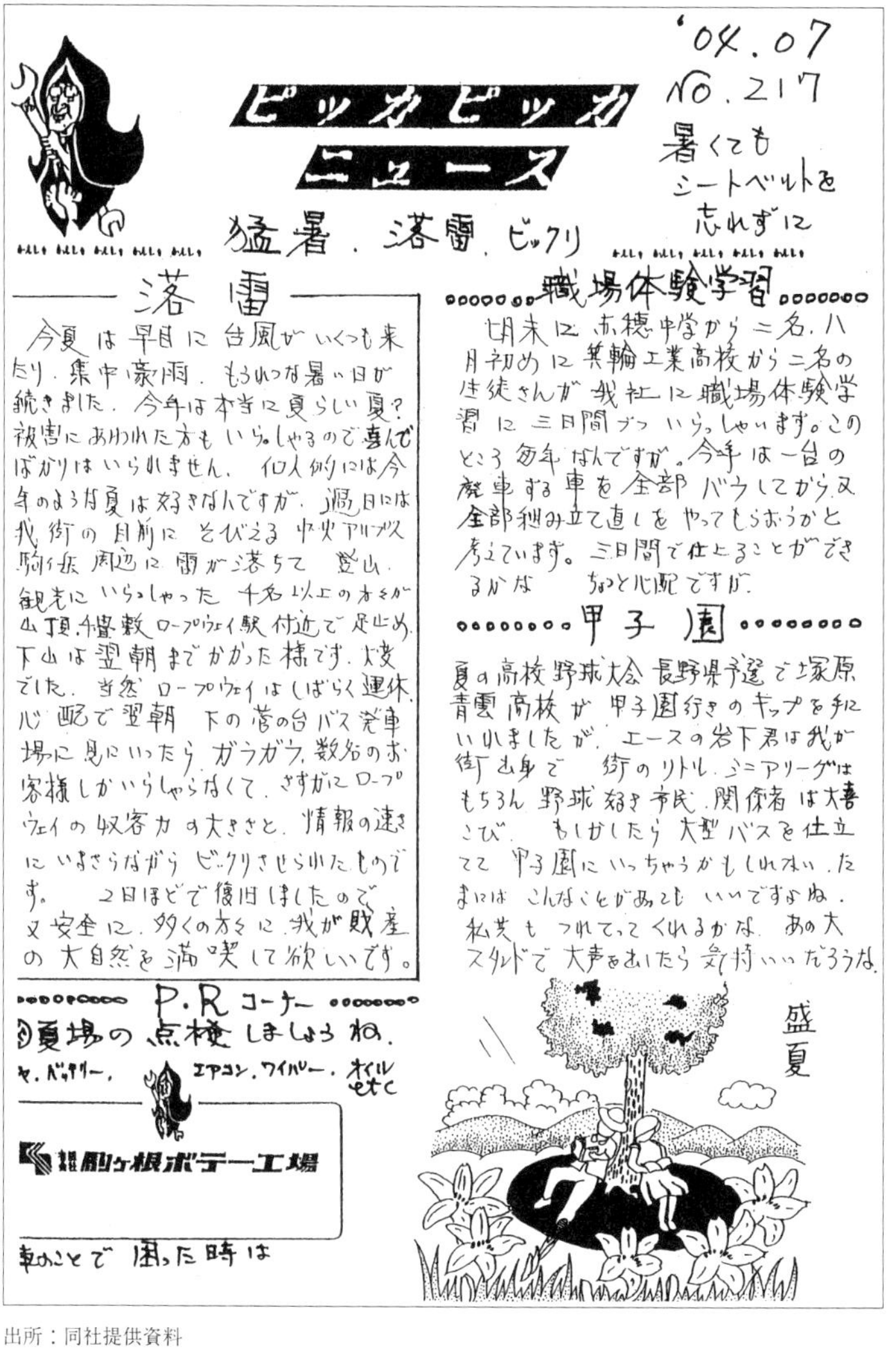
'04.07
No.217

ピッカピッカニュース

暑くても
シートベルトを
忘れずに

猛暑、落雷、ビックリ

落雷

今夏は早目に台風がいくつも来たり、集中豪雨、もうれつな暑い日が続きました。今年は本当に夏らしい夏？被害にあわれた方もいらっしゃるので喜んでばかりはいられません。個人的には今年のような夏は好きなんですが、過日には我街の目前にそびえる中央アルプス駒ヶ岳周辺に雷が落ちて登山、観光にいらっしゃった千名以上の方々が山頂・千畳敷ロープウェイ駅付近で足止め。下山は翌朝までかかった様です。大変でした。当然ロープウェイはしばらく運休。心配で翌朝下の菅の台バス発車場に見にいったらガラガラ。数名のお客様しかいらしゃらなくて、さすがにロープウェイの収容力の大きさと、情報の速さにいまさらながらビックリさせられたものです。2日ほどで復旧しましたので又安全に、多くの方々に、我が財産の大自然を満喫して欲しいです。

職場体験学習

月末に赤穂中学から二名、八月初めに箕輪工業高校から二名の生徒さんが我社に職場体験学習に三日間づついらっしゃいます。このところ毎年なんですが。今年は一台の廃車する車を全部バラしてから又全部組み立て直しをやってもらおうかと考えています。三日間で仕上ることができるかな　ちょっと心配ですが。

甲子園

夏の高校野球大会長野県予選で塚原青雲高校が甲子園行きのキップを手にいれましたが、エースの岩下君は我が街出身で　街のリトル、ジュニアリーグはもちろん野球好き市民、関係者は大喜び。もしかしたら大型バスを仕立てて甲子園にいっちゃうかもしれない。たまにはこんなことがあってもいいですよね。私共もつれてってくれるかな。あの大スタンドで大声をだしたら気持いいだろうな。

盛夏

P.Rコーナー

③夏場の点検しましょうね。

ヤ・バッテリー、エアコン、ワイパー、オイル etc

駒ヶ根ボテー工場

車のことで困った時は

出所：同社提供資料

図表4―11　薩摩おごじょの新店舗

鹿児島出身の中村さんは、冬に信州にスキーに来たことが縁で駒ヶ根で生活するようになった。何度もの大病など、その後の人生にはさまざまな紆余曲折があったそうだが、まさに「薩摩おごじょ」の心意気で駒ヶ根の地に本格焼酎の店を開店し、連日連夜繁盛している（図表4―11）。

この店がすごいのは、女将の不屈の意志と明るいキャラクターに加え、店のドメインが非常に明確であることだ。ちょうど何度目かの焼酎ブームの始まりの頃、店に伺って驚いた。焼酎が完全にポピュラーになった今でこそ焼酎専門店も増えたが、当時はまだ珍しく、鹿児島をはじめ南九州の蔵元焼酎がずらりと棚に並んでいる様は圧巻であった。信州は言うまでもなく日本酒文化圏で、全国に知られた有数の酒どころである。そこによりによって焼酎の店を、いまだ全国的ブームとは言えない時期に出すということは、なかなかできないことである。中村さんはそのような環境にもめげず、「鹿児島本格焼酎と自然派志向の食べ物・店」を目指した。同店で若い客が本格焼酎を楽しんでいる様子を見て、「焼酎が流行るらしい」と感じ取った人も多かったようである。中村さんは日本酒文化圏のど真ん中で、自分の価値観を信じ、本格焼酎というドメインを開花させた。

中村さんとドメインを検討した結果、鹿児島と信州を融合させて、「本格焼酎を信州の自然の食材で楽しむ」というのが「モノ」のドメインとなった。次に、「ココロ」のドメインとしては、顧客満足度（CS＝Customer Satisfaction）を高めるために、従業員満足度（ES＝Employee Satisfaction）を高く保つ、そのためには経営者も従業員も無理をしないということを確認した。サービス業では言うまでもなく、この「ココロ」の問題が重要で、経営者や従業員が楽しく働いていなければ客も楽しめない。ところで地域に根ざしたサービス業は、地域の人々の暮らしの快適さを支援することがミッションである。たとえば「駒ヶ根の人はおしゃれだ」と周囲から言われるようにするのが美容院や洋装店の役割であり、「駒ヶ根の人は健康である」という評価を得るようにするのが行政や医療機関、食料品店などの役割である。そこで、薩摩おごじょの役割は、「駒ヶ根の人はなぜか焼酎に詳しい」と言われるようにすること、とした。

さらに、もう一つ設定した目標（ベンチマーク）が、「鹿児島の焼酎メーカーが訪ねてくるまでがんばろう」である。これは、「なぜか信州伊那谷で焼酎が売れている」ことを聞きつけ、いずれ鹿児島のメーカーがマーケティング調査にやってくるであろう、ということである。このベンチマークはその後きっちりと実現した。

個人史と重ね合わせて事業の歴史をたどり、開店創業の時期、無我夢中の時期、そして自分の価値観を表現し地域に新しい食文化を提案する時期、というくつかの節目を認識したことで、中村さんに経営者としての欲が生まれた。そして前述の通り、経営者も従業員も無理をせず持続的に営業を続けられるような業態に変換したのである。本格焼酎が壁を覆い尽くしていたかつての店とは趣が異なるが、そこには信州伊那谷における本格焼酎のパイオニアとしての誇りと歴史をうかがうことができる。

「ほっとする温かさ」の宿の歴史――有限会社ホテルあさひや

有限会社ホテルあさひやは、かつて信州で盛んだった養蚕技術を教えていた先代が、研修に来た養蚕農家の人に宿泊場所を提供したのが事業の始まりであった。その後旅館からホテルへと事業展開し、今日に至っている。現社長の宮下勝さんは、その長い歴史の中に、いまやるべきこと、新たな節目のヒントを見出した。

二〇〇六年、駒ヶ根市のホテル需要構造は大きく変動した。世間を震撼させた耐震偽装問題で、この地の新しいビジネスホテルが営業を停止したからである。その影響はきわめて大きく、市内のホテルだけでは供給が追いつかず、観光シーズンにはどこも満室となった。また、駒ヶ根では市の積極的な企業誘致、名古屋圏の産業活性化による工場進出、マイクロモータのトップメーカーによる開発センター新設などの背景のもと、ビジネス客の拡大が見込まれている。

宮下社長は、自分のホテルの客数が増え始めるとすぐに駒ヶ根市のホテル需要の大きさ・重要性を再認識し、自社の歴史を振り返りながらいまなすべきことを熟考した。同社は一九七〇年代後半に近代的なホテルに転換し建て替えを行った後、立地の良さを活かし、宿泊だけでなく地域のコミュニティ・ホ

図表４―12　ホテルあさひやの外観

出所：同社提供資料

テルとしてサービス提供に努めてきた（図表４―12）。宮下さんの人柄と家族経営による「ほっとする温かさ」が売り物で、いわゆるビジネスホテルとはひと味違う。地元では料理についての評判が高く、旬の素材の質とたっぷりした量でリピーターが多い。

創業と一九七〇年代後半の転換に続く「第三の創業」には何が必要か。ホテルあさひやの歴史を読み解いた上で、次の三つの視点が設定しうる。建物のイノベーション（モノ）、サービスの質を安定的に向上させるオペレーション面のイノベーション（コト）、そしてスタッフである家族が提供する「温かさ」のイノベーション（ココロ）である。最初の「建物のイノベーション」は、大きな投資でありリスク判定・意思決定に時間がかかる。宮下さんはまず、コトとココロのイノベーションから着手することに決めた。以後、宿泊客と地域の人々に温もりあるサービスを提供し、かつそのサービスの質を高めるための仕組みと意識の変革に挑んでいる。

山あり谷ありの歴史に学ぶ——株式会社五十鈴

株式会社五十鈴は、防水処理工事を主体とした建設業と、浄化槽関連の環境事業およびメンテナンス事業を営んでいる。防水処理事業が大成功を収めたことで、多角化に乗り出しかえって経営が苦しくなった時期もあった。現在では、現社長の田辺淳さんを筆頭に再成長に向けて邁進している。五十鈴は、成功と挫折そして再生のまさに「山あり谷あり」の歴史を、若き経営者田辺さんと部長の平沢章夫さんの主導で会社全体で共有し、前進している企業である。

五十鈴は東京オリンピック直前の一九六三年、五十鈴建材株式会社として創業した。その後、防水処理工事業界では「信州に五十鈴あり」と言われるまでに成長する。しかし、絶頂期に手がけた多角化事業が期待したほどうまくいかず、経営的に苦況に陥った。その後金融機関、取引先、顧客の支援もあって、田辺さんが新社長に就任して以来、新規まき直しをはかってきている。田辺さん、平沢さんと話し合いながら同社の歴史を点検してみると、さまざまなことがわかった。

まず、創業以来の歴史を通じて、会社が成長して物事がうまく回っているときは社内のコミュニケーションが活発だったという。また組織風土として、業務に関して「どうして、なぜそうなるの?」という問いかけが始終なされ、仕事の中身を誰でも共有できる平易な言葉で常にチェックするという姿勢があった。だからこそチャンスにも機敏に対応できていた。これは当然といえば当然のことだが、自社の歴史を振り返ってその時々の具体的なやりとりを思い起こしながら改めて組織風土(ココロ)の目標とすることで、実のある方針・指針となる。

図表４―13　五十鈴の経営理念

経営理念（POLICY）：「当社はお客様のために在る」

●基本方針

お客様に喜んでもらえる仕事をしましょう。
喜んでくれるお客様を増やしましょう。
仕事を楽しみましょう。
そのために常に自己改革をし、挑戦し続ける企業になります。

●行動指針

「あたりまえ」のことが、「あたりまえ」にできる。
良いことはどんどんやる。悪いことは絶対しない。

●行動目標

今日やるべきことは、今日のうちにやる（すぐやる）。
中途半端にやるのではなく、最後まできちんと仕上げる（最後までやる）。
できない理由を考えるのでなく、できる方法を考える（できるまでやる）。

[五十鈴の施工物件]
上伊那医療生協病院屋上防水
（環境対応型水硬化ウレタン防水）

出所：同社提供資料

田辺さんと平沢さんは、五十鈴の歴史の棚卸をしてみて、そこから学ぶべきことがらを社員と共有すべく、ドメインとして明確化する作業にとりかかった。まず役員全員で考えた新しい経営理念「当社はお客様のために在る」を掲げ、さらにそこから具体的な方針や目標を導き出し、全員でしっかりと把握するようにした（図表4―13）。

五十鈴はもともと潜在力のある企業である。加えて、かつてのブランドもいまだ健在で、まだまだ「見えない資源」として活用の余地は大きい。さらに過去の技術の蓄積に加え、新しい経営陣の誠実さも手伝って、顧客とも良好な関係が続いており、有力メーカーからの新技術の提案は引きも切らない。今後の目標としては、「上伊那地域では先端にいて、新しい材料と工法を最初に使いこなし、メーカーからの提案や相談を最初に受ける企業となる」ことを目指している。このように五十鈴の場合、自社の歴史だけでなく顧客への提供価値もドメインの重要な要素となっている。

田辺さん、平沢さんを中核に、内へは歴史と理念・方針の共有、外へは「お客様のための会社」としての活動を続けていけば、再成長と再拡大は間近であろう。

第5章　顧客評価をもとに事業の再定義

■ DOMAINDOMAINDOMAINDOMAIND ■

顧客はあなたの会社の何を評価しているのだろうか。優れた技術を自負していても、顧客から評価されないことには事業は展開しない。提供する事業・商品・サービス、培ってきた技術、他社に負けない高度なマネジメントレベル、あるいは営業パーソンの人柄など、顧客が「買っている」点は企業によってさまざまだろう。本章では、顧客とのコミュニケーションに加え、顧客の立場に立って想像力を働かせることで、評価の本質を過大でも過小でもなくありのままに捉えることでドメインを再定義した一二の企業を紹介する。

■ DOMAINDOMAINDOMAINDOMAIND ■

第2章で触れたように、顧客が自社の何を評価しているかをありのままに見つめることは、ドメイン経営において大切な視点である。

経営者、ベテラン、若い社員では、言うまでもなく顧客評価についての認識が異なるだろう。経営者やベテランは概して自社を否定的に見ることに抵抗があり、その結果、往々にして顧客評価についても思い込みでイメージしていることがある。逆に若い社員は、自社を否定的に評価しがちで全体像が見えにくく、顧客が何を支持してくれているのかを正確に捉えづらいことが多い。いずれの見方にも偏らず、顧客評価を過不足なく把握するには、むしろベテランと若手とが率直に議論しコミュニケーションをはかることが有効である。

本章では、顧客評価を的確に捉えることでドメインを再定義した一二の企業の実例を通じて、顧客対応とドメイン経営との関わりを述べる。

前章で、自社の歴史を振り返ることで新たなイノベーションに挑んだ企業を紹介した。その際、経営者や社員は、これまで自分たちを支えてきてくれた顧客の顔を一人ひとり思い起こしたに違いない。顧客は、たとえば他社とは違った製品やサービス（モノ）、いつも迅速丁寧に対応してくれる仕事のやり方（コト）、そして「あの会社（あの営業パーソン）は本当に親身になってくれる」という社風や人柄（ココロ）など、さまざまな部分を評価して長い間付き合ってくれる。そして、ある企業のモノ・コト・ココロのうちどれか一つだけを評価している、というような単純なケースは決してなく、これら三つの要素が複雑に絡み合ったところに顧客にとっての価値があることは言うまでもない。

しかし、本章では、各企業の特徴を明確にするために、あえてモノ・コト・ココロのうち特に評価されている点によって企業を分類してみた。

まず、商品・技術・サービスなど「モノ」が特に評価されているケースとして、「モータシステム・ソリューション」が評価を得ている**ウィンベル**、高い技術力と自主独立の社風を誇る電子部品メーカー**IAM電子**、物流業としての提供価値が買われている**上伊那貨物自動車**、内装関係の商品とサービスが売りの**北原商事**、精密金属加工のスキルが信頼を得ている**塩澤製作所**、の五社を紹介する。

次に、「モノ」が評価されていることはもちろんだが、高度な再現性をもったQCDマネジメントという「コト」がより高く評価されているとみられる企業がある。伊那谷と中国を結ぶロジスティクスをつくり上げた**伊南電器**、コンピュータを使いこなし精密金属切削加工に高い再現性を実現している**ハヤシ**、デジタル化を推進して顧客ニーズに対応している**宮澤印刷**、営業担当者による包装設計提案が支持されている**ミコマ技研**、の四社である。

そして、提供するサービス以外に「ココロ」の部分が特に評価されている企業として、製造業ではあるが技術やＱＣＤ以外に「仕事が丁寧」「堅実」など社風や人柄が評判の**開陽工業**と**日精技研**、温かい家族サービスの姿勢が地元の人々に愛されている旅館の**西山荘**《せいざんそう》を紹介する。

モータを軸とした問題解決を提案――株式会社ウィンベル

単に高品質の製品であるというだけでなく、電気技術者と機械技術者の「隙間」をつなぐマイクロモータによって顧客（自動車メーカー等）に評価されているのが、中村勝海さん率いる**株式会社ウィンベル**である。世界のモータ・バレーとも言うべき伊那谷で優れた設計技術を誇り、製造現場を持たない設計集団としての特徴を際立たせている。

中村さんは還暦を過ぎていることを感じさせない潑剌とした技術者社長である。ウィンベルの技術や事業はもちろん注目に値するが、環境変化に対応しつつも一貫してモータ技術を追求してきた中村さんの技術者人生の物語も、聞く者を強く引き込む。

自動車に使われるマイクロモータは、一九八〇年代から需要が急激に増えた。七〇年代までの車を思い出してもらえばわかることだが、窓の開閉やバックミラーの調整は手動であった。これを自動にすべく、マイクロモータが使われるようになったわけである。中村さんは八〇年代当時、大手電子部品メーカー系列のモータ生産会社の責任者として、急激に拡大する需要に応えるべくモータの生産に追われていた。しかしその結果経営のバランスが崩れ、会社は行き詰まり、中村さんは責任をとって辞職する。そのさい中村さんと行動を共にしたモータ技術者集団がウィンベルの母体となった。ウィンベルは一九九四年創業と比較的新しい会社だが、モータ技術者集団としての活動はずっと長いわけである。創業時は、資金をさほど必要としないモータの開発業務の受託に絞り事業を立ち上げた。その後もファブレス（製造業であるが工場を持たず、生産はすべて外部に委託する形態）を基本として、量産品でない製品の製造・販売を行っている。

ところで、素人から見ると、「モータ」というのはどちらかといえばありふれた製品で、その開発業務の受託という事業がなぜ成り立つか、中村さんの話を聞くまではよくわからなかったというのが実感である。中村さんによると、「自動車やエレクトロニクスなど、あらゆるところに使われるモータは、電気技術者と機械技術者のちょうど隙間に存在するものである」。電気と機械、デジタル技術とアナログ技術の融合には知識だけでなく経験も必要で、熟練した技と知恵が求められるわけだが、一人の社員がエンジニアとして育つには相当な時間がかかる。中村さんはこれを「隙間」とみなして事業機会を創出したのである。また、伊那谷がモータの名だたる大手メーカーの開発・生産工場が多く存在する「モータ・バレー」であったことも、ウィンベルの事業を後押しした。

中村さんのお話を聞きながら印象深かったのは、モータを軸にした駆動システム設計に対する情熱と経験の厚み、エレガントな設計思想、そして顧客と共に問題解決法を探る独自のシステムである。中村

図表5－1　ウィンベルのモータシステム・ソリューション

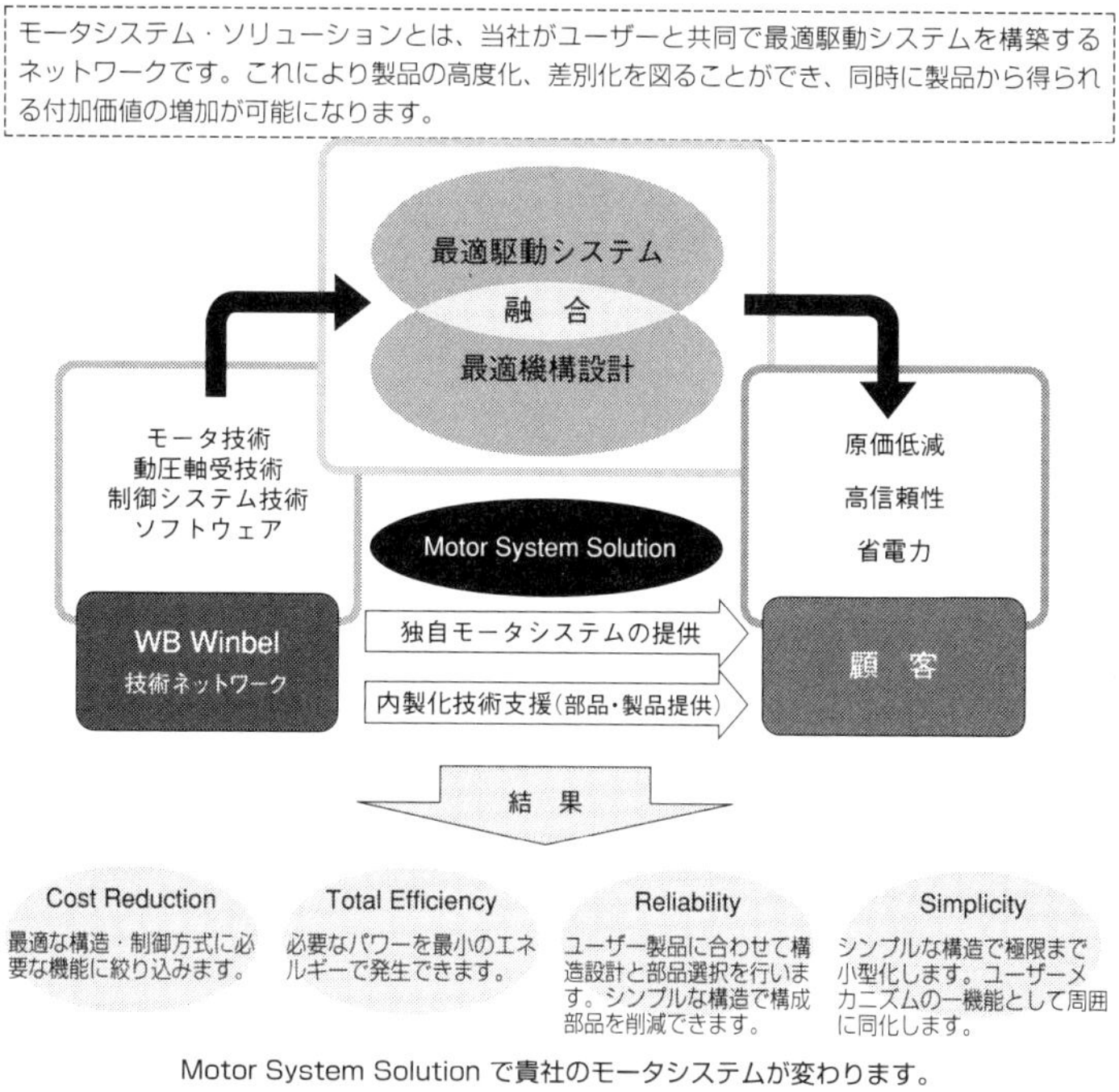
モータシステム・ソリューションとは、当社がユーザーと共同で最適駆動システムを構築するネットワークです。これにより製品の高度化、差別化を図ることができ、同時に製品から得られる付加価値の増加が可能になります。
最適駆動システム
融　合
最適機構設計
モータ技術
動圧軸受技術
制御システム技術
ソフトウェア
原価低減
高信頼性
省電力
Motor System Solution
WB Winbel
技術ネットワーク
独自モータシステムの提供
内製化技術支援（部品・製品提供）
顧　客
結　果
Cost Reduction
最適な構造・制御方式に必要な機能に絞り込みます。
Total Efficiency
必要なパワーを最小のエネルギーで発生できます。
Reliability
ユーザー製品に合わせて構造設計と部品選択を行います。シンプルな構造で構成部品を削減できます。
Simplicity
シンプルな構造で極限まで小型化します。ユーザーメカニズムの一機能として周囲に同化します。
Motor System Solution で貴社のモータシステムが変わります。

出所：同社ホームページ

さんはこれを「モータシステム・ソリューション（Motor System Solution）」と命名した。

つまりウィンベルは、「優れた固有技術を持つ企業とのネットワークを駆使してモータシステムの開発を行い、顧客に最適な駆動システムを提案し、付加価値アップに貢献する」をドメインとしている。これによって顧客との間に「Win-Win」（直訳すれば「自分も勝ち相手も勝つ」、この場合は取引において事業者と顧客いずれにもメリットのある状態）の関係を築くことが企業の目標である（図表5－1）。

「モータシステム・ソリュー

ション」を実現していくためには、技術者集団のモチベーションが大切である。自らも優れたモータ技術者である中村さんは、「相互信頼を基本とする融合の醸成、先駆者を尊敬する風土の醸成」をモットーに社員を主導し、たゆまぬ前進を続けている。

独立一貫生産の電子部品――ＩＡＭ電子株式会社

ＩＡＭ電子株式会社は厚膜電子部品の開発と材料からの一貫生産を行う会社で、創業時から自前で技術習得を行うなど、自立性・独立性の高さを誇る（図表5―2）。会長の山下勉さんとお話していると、個々の要素技術や製造技術そのものもすぐれているが、こうした自立性・独立性が同社の柔軟性と機動性を生み出していることを感じる。

ＩＡＭ電子の事業は大きく二つに分かれる。一つは電子部品分野で、スクリーン印刷による電子部品の製造、各種チップ抵抗器、チップ抵抗ネットワーク、ハイブリッドＩＣ、セラミック基板などである。もう一つは電子部品の実装で、フレキシブル基板への電子部品の実装、異形部品の実装を行っている。

一九六七年、県内有数の木材会社が新事業として設立したのがＩＡＭ電子の出発点である。取引先の倒産などにより滑り出しは順調とは言えなかったが、母体である木材会社の役員を務めていた山下さんが実質的に責任者となり再出発し、今日では業界でも名高い超優良企業である。電子部品の基礎となるセラミック基板も関連会社の伊那セラミックで生産しており、材料からの一貫生産を行っている。こうした自社開発技術力は生産技術の高度化にもつながり、製品の性能安定、生産性向上、そして何より市場ニーズへの対応力を高めている。

図表５―２　IAM 電子の本社建物と製品例

出所：駒ヶ根市工業技術情報

創業まもなくの頃、主力製品の抵抗ネットワークが大手電気メーカーの電卓に採用され、ＩＡＭ電子の躍進が始まった。最盛期には世界の電卓モジュール抵抗器のシェア八〇％を占め、デジタルウォッチ向けの厚膜抵抗器では国内市場をほぼ独占した。その後多様化を進め、車載ハイブリッドＩＣなどにも展開、一九九〇年代に入ると製品と顧客の多様化がいっそう進み、現在では自動車関連、医療機器、携帯電話、ＯＡ機器など幅広い分野に製品を供給している。

製材業という、電子部品とはかけはなれた分野で活躍されていた山下さんが、自前で技術習得を行い、自力で会社を育て上げたという生い立ちが、ＩＡＭ電子の自立性と独立性を育んだ。そしてそれがチャンスへの対応力、判断力、行動力につながっている。このことは、顧客評価を支えている最も重要な部分でもあろう。同社は営業も自社ルートで行っているが、これも「自分で出歩き、情報を収集し、今後動きそうな分野を見つけ、ビジネスチャンスを現場に知らせて製品開発に結びつける」という山下さんのモットーに基づいた方針だ。創業以来、販路の開拓は山下さん自身が手がけている。

基礎材料のセラミック基板事業を取り込むときにも、この企業文化はいかんなく発揮された。セラミック基板メーカーとの提携の話が出た際、即座に意思決定し行動に移したのだ。最終的にはこのメーカーを子会社化し、自前で基礎材料から一貫生産できる体制をつくり上げた。そして顧客の多様化を進める際にも自立性・独立性・判断力・決断力が大きく影響したことは言うまでもない。顧客のニーズを発見し形にする力は、しがらみの無い独立メーカーの強みである。

ＩＡＭ電子は現在、「企業ドメイン研究会」にも参加された山下さんのご子息孝之さんが社長となり、現会長の意思を継ぎ、さらに力強い会社にしていくために手腕を発揮している。香港を拠点とした営業活動も展開しており、グローバル化、新たな商品開発、生産技術イノベーションを進めている。そしてドメイン具体化のために次の五つを行動指針としている。「①まず無駄を省け、②まず行動を反省せよ、③真実かどうか考えよ、④技術向上に努めよ、⑤団結をもって融和をはかれ」。

トラック運送業から物流サービス業へ――上伊那貨物自動車株式会社

トラック運送業という事業は、以前は顧客からの依頼で集荷・配達をすれば事足りていたといえる。しかし、もはや「トラックで荷物を運ぶ」というだけでは、競争が激化する物流業界において十分な付加価値を生み出せないし、顧客にとっても荷物の保管・入出荷・加工などの管理コストが負担になりメリットが少ない。**上伊那貨物自動車株式会社**の小池長さんは、この状況を打開すべく、この一〇年努力を重ねてこられた。そして荷物を運ぶだけでなく保管や簡単な流通加工などを引き受ける物流業への転換をはかり、顧客と地域を拡大している。

上伊那貨物自動車は、昭和初期、旧中沢村（現在は駒ヶ根市に合併）の中沢農協（当時）の薪炭を、当時の主力輸送機関であった鉄道の駅（飯田線駒ヶ根駅）まで運んだのが事業の始まりであった。戦時下に伊那谷北部の運送業者が国策により統合され、戦後には政府から解体命令が出たが、「辞めたくない」という社内の声も多く、県内で唯一実質的に事業を継続することになった。当初は地元農協や食品会社相手の農産物輸送という狭い範囲に限られていたが、農協の合併が進んだことや地元に有力企業が進出してきたことも手伝って、次第に事業範囲が広がっていった。一九五九年頃には、顧客のニーズに応えるために貨車輸送から小回りの利くトラック輸送に切り替えた。同時に、全国的にも珍しく「一般区域貨物自動車運送事業の積合せ許可」を取得し、一台に複数の顧客の貨物を積み合わせて運ぶ共同配送を手がけた。

会社はその後順調に成長していくが、バブル経済崩壊後は経済の縮小、工業製品の軽薄短小化、海外移転などがさらに進み、トラック運送業をめぐる環境は過酷になっていく。同業者間での運賃値下げ競争、荷主からの激しいコストダウン要求と、極めて厳しい状況が続く中、若き小池社長は「トラック運送業から物流業への転換」を積極果敢に進めた。物流業界では、単にモノを運ぶだけでなく物流全体をトータルに考える「ロジスティクス」をはじめ新しいコンセプトも提案されており、守備範囲が拡がるだけでなく事業が複雑化している。物流の始めから終わりまでをトータルにイメージしてドメインを想定し、要素を高度に組み合わせて収益を上げていくようなビジネスモデルを作らないと生き残れない時

図表5—3　上伊那貨物自動車の物流サービス

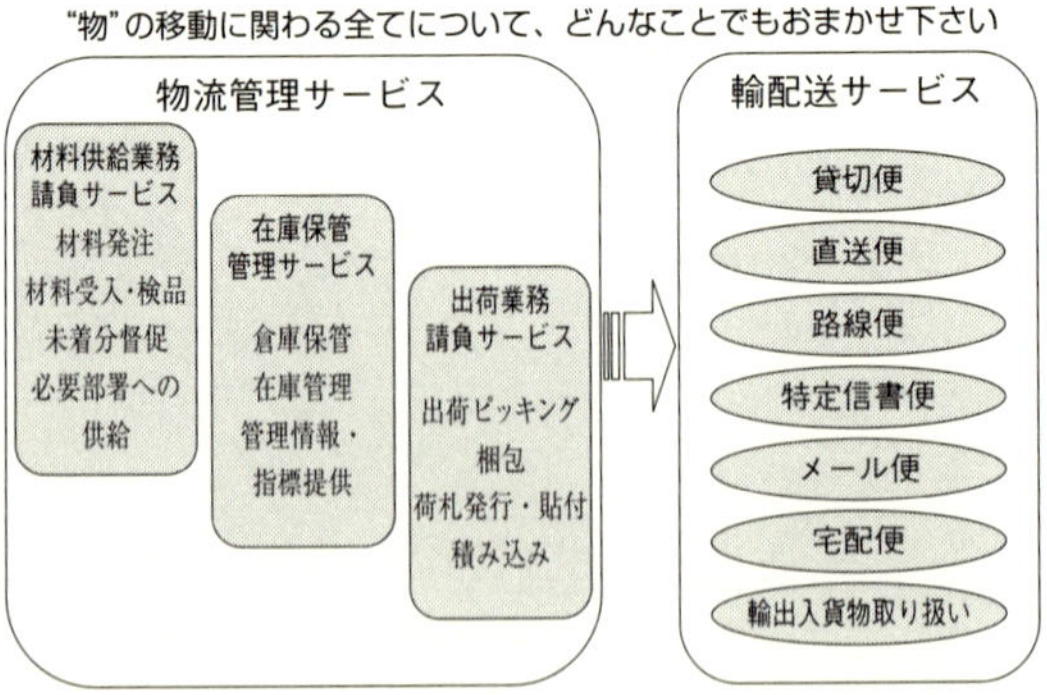

出所：同社提供資料

代になっているのである。小池さんは、自社のミッションを「地域の農業や工業の競争力をアップさせ、生活者の暮らしを快適なものにする」と設定し、物流企業への転換を一気に図った。これには、自社の成長のためにはまず地域の力の増強が必要という思いが込められている。地域に密着したオンリーワン企業、「顧客満足度百点満点」を目指し、経営理念は次のように定められている。「私たちは、お客様、取引先、地域社会から『上伊那貨物グループの衆はいい衆だ』と言われ、信頼される企業グループで在り続けます」。

同社の物流サービスは、図表5—3のように、物の管理から輸送までトータルにカバーしている。具体的な事業内容としては、地元農協を顧客とした出荷サービス、工場や流通業の材料供給請負・在庫保管・出荷業務請負サービスなどである。もちろん、物流の基本、つまり顧客から信頼される経験豊かなドライバーによる安全・正確な輸送が基礎にあることは言うまでもない。そのほか、最近は高速道路を利用して東海地区へも業務を拡大している（名古屋に倉庫を設置し海外からの部品在庫保管サービスを請け負っている）。また信越総合通信局から管内最初の特定信書便事業許可を受けたことで、地域力強化に貢献し、地元の人たちからも先進的な取り組みとして評価されている。

「企業ドメイン研究会」には小池社長だけでなく、古田浩平さん、小島清さん、小田切卓雄さん、小平尊文さん、小椋美代子さんら社員も多数参加し、ドメインの策定・実現に向けて会社全体で励んでいる。

地域密着の内装サービス事業——株式会社北原商事

一軒の家が出来るまでには、内装・外装・住宅設備・電材など数多くの建材・設備が必要だが、言うまでもなくどの部分を担うかによって材料の見極めや職人さんとの連携の仕方が変わってくるので、事業の軸足を定めることが重要である。「地元の住まいづくりへの貢献」をモットーとする**株式会社北原商事**は、内装に軸足を置き、材料の調達から施工まで一貫したサービスを提供している。住宅建材・設備、インテリア、エクステリアの販売を行う商事部門と、それらの建材・設備を使って施工を行う工事部門を事業の二本柱とし、この二つの事業を支える不動産事業や損害保険事業も営んでいる。最近では新しい事業としてカーテンメンテナンスにも展開している（図表5―4）。材料から施工までの一貫サービスの提供と仕上げのクオリティが地元の有力ゼネコンをはじめ数多くの地場工務店や個人の顧客に高く評価され、バブル経済とその崩壊後に建設業界を襲った荒波を切り抜けてきた。

「内装業はサービス業である」、「いたずらに規模を拡大するのではなく、サービスの質を高め、顧客の目線で快適な住まいづくりを追求する。それによって地域での存在感を高める」というのが、「企業

図表５－４　北原商事の事業展開

住文化は環境と人との“思いやり”
“思いやり”は私たちの大切な理念です。

新しい技術と知識を兼ね備えたエキスパートとして、
住空間をトータルプロデュースいたします。

Kitahara's Field

住宅建材事業部
- 各種新建材
- アルミサッシ
- システムキッチン
- ユニットバス
- 銘木、集成材
- オフィス家具、一般家具
- テラス、バルコニー
- 各種室内ドア
- システム建材
- 住宅設備機器

内装工事事業部
- 軽天、LGS工事
- GL工事
- 内外装、木工事
- OA、システム床工事
- ガラス、サッシ工事
- シャッター工事

インテリア事業部
- インテリアコーディネイト
- クロス、ジュータン工事
- カーテン、ブラインド工事

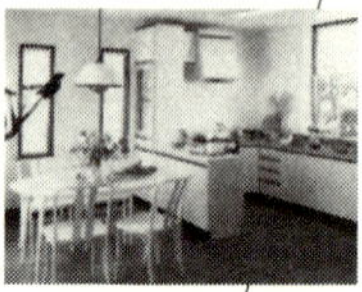

不動産事業部

長野県知事(2)4289号
(国土交通大臣指定会員)
- 土地、建物、アパートの売買、仲介

カーテンメンテナンス事業部
- 施設カーテン販売
- カーテンリース
- カーテンクリーニング
- 施設用内装、リフォーム工事

出所：同社会社案内

ドメイン研究会」にも参加された若き専務北原和明さんの経営理念だ。

北原商事は一九六八年の創業後、経営基盤が固まりつつある時期に石油危機などの瞬間的な逆風を受けたものの、全般として順調に成長を続けてきた。平成に入ってからは業界全体の構造が大きく変化したため、同社はそれに対応すべく新しい目標を設定し、次なる成長に向けて取り組んできた。長野県の建設業界の構造変化は、他地域と比べて大きくまた少し遅れて起きている。一九九八年の長野オリンピック特需とその反動、そして二〇〇〇年以降の田中康夫前長野県知事の登場による地殻変動には特に激しいものがあった。そうした環境変化を受けて、企業は変わらざるを得ない。どうしても発注者であるゼネコンに目が行きがちだが、地域の人々から長く支持されるには、地元の顧客はもとより工事を担う職人集団や施工地域の近隣住民の信頼を得ることが重要になってくる。北原専務は地域の快適な暮らしを顧客と共につくっていく企業を目指し、三つの「共生」を考えた。

一つは、言うまでもなく顧客すなわち「住まい手」との共生で、住む人の立場に立った住まいづくりを追求することである。二つ目は「地域との共生」である。ミクロな問題としてはシックハウス症候群の防止、マクロ的には地域の自然環境や生態系に配慮した施工法の採用などを通して、地域環境と調和した建設業をめざす。そして最後に、「つくり手」との共生である。総合システム産業である住宅建設業は、個人一人ではできないし、また企業一社だけでも難しい。たとえばさほど大きくない住宅であっても、最も忙しい時期には「個人の住宅の建設にこれほど大勢の人手が必要なのだろうか?」と思うほどたくさんの職人さんがトラックやバンに乗り込んで現場に集まってくるのを見かけるだろう。住宅建設は、多くの職種のコラボレーションによって初めて完成をみる仕事であり、つくる人の立場に立ったシステムづくりの追求も忘れてはならないのである。

家づくりには、誰しもさまざまな夢や希望を持っている。限られた予算の中でもっと広くしたい、もっと快適にしたいという顧客の要望に応え、快適な住まいの空間を顧客と共につくりあげるには、地域と共生した施工の仕方、顧客やつくり手との信頼関係が重要になる。北原さんはこの課題に挑戦すべく、「住文化は環境と人との〝思いやり〟」という理念に基づき、「住空間のトータルプロデュース」をドメインとして掲げている。

スキルと恒心のものづくり――株式会社塩澤製作所

精密金属切削加工業を営む**株式会社塩澤製作所**の社長塩澤和彦さんと、技術やスキルについてお話をするのは楽しい。話の端々に、スキルがものづくりの根幹にあるべきという塩澤さんの信念が感じられる。三次元CAD等、図面レス化を進めるためのデジタルテクノロジーはいち早く導入しているが、一方で切削という職人的スキルを社を挙げて極限まで突き詰めている。

塩澤さんは、青年会議所や駒ヶ根商工会議所工業会の活動を通じて若手リーダーとして地元を牽引しつつ、創業以来培ってきたものづくりの技能・技術を深化させている。その技能・技術と、三次元CAD／CAM・五軸マシニングセンターに代表される機械加工設備力を融合させ、試作品加工、金型設計製作から最終加工まで、関連会社をフルに活用したダイカスト製品の一貫生産を行っている。

塩澤製作所は一九六〇年創業で、当初は木工機械や光学機器部品の製作を行っていた。多品種少量生産に特化した生産スタイルは創業当時からのものである。創業後しばらくは多くの企業と同じように家業・生業・職人の時代が続いたが、事業の中身や技術はどんどん深化していった。最初の数年は設備投資も充分でなく、地元有力企業からの賃加工請負が主体だったが、その後低コストのものづくりを提案しながら部品やユニットの加工組立に移行した。従来の方法だと三工程が必要なところを一工程でつくるプロセスを開発、顧客に提案し、精密部品加工を行っていったのである。

その後は、開発試作支援型に業態を拡げた。つまり、最初は企業の生産部門の窓口である購買部門が顧客であったが、次第に開発・研究部門に顧客範囲を拡げていったのである。近隣に競争相手が少ないこともあり取引先に恵まれ、量産品の海外移転傾向が強まる中でも顧客の厚い信頼を得て受注を増やしていった。さらに塩澤さんは一〇年程前から、東京国際展示場（ビッグサイト）で開催される展示会に毎年出展したり、本章で後出する**株式会社ハヤシ**などと共同で早い時期にホームページを立ち上げるなどして顧客拡大に努めている。同社工場にはマシニングセンターなどの加工機械が所狭しと並び、同規模の中小企業の単一事業所としては機械保有台数、社員一人当たりの装備率、スキルは非常に高い。そのレベルは業界でも名高く、新製品が出た際や開発の途中で、工作機械メーカーからの問い合わせがかなりあるという。

塩澤製作所は「恒心」（常に変わらぬ正しい心、いつわりのない心、純粋な心）を経営理念に掲げ、スキルに基づくものづくりをドメインとして深め、それを地元企業だけでなく全国に提案していく企業、ユーザーの悩みに丁寧に対応する企業を目指している（図表5—5）。

塩澤さんとの話で感じたのは、まず職人のスキル（技能）が最初にあり、そのスキルを普遍化することで「技術」が生まれる、ということである。たとえば一人の職人の旋盤などの金属切削加工スキルが

図表５—５　塩澤製作所の経営理念

（写真：同社新工場）

経営理念

恒心
とは、常に保持して変えない正しい心。ぐらつかぬ心。

正しい心
とは、決められたことをきちんと守ることができる心。
それは管理の基礎となるもの。

いつわりのない心
とは、誠実であること。責任感があること。
それはプロの原点。

純粋な心
とは、素直な心。より良いコミュニケーションは
一人ひとりの純粋な心から生まれる。

出所：同社提供資料

見出され、それを誰でも実現できる技術にするために（NCマシンなどの）コンピュータ化を進める、という筋道である。昨今「科学技術」という言葉によって、科学的知見の発見が即技術開発につながるような通念が流布しているが、現実にはその逆で、まず必要に迫られて技術（テクノロジー）が開発され、その理論を解明する中で科学（サイエンス）が生まれてくるものである。塩澤さんの考え方はこの原理に即したものといえる。

　塩澤さんはこの「スキル→技術への普遍化」を経営にお

いて最も重視している。その根底には、「職人の加工の手触り感があってはじめてスキルは技術化する」という信念がある。どんなに優れた機械であっても、職人の経験と知恵がなければその機能は十全に引き出されない。また、塩澤さんは社員に技能検定（国家試験）を積極的に受験するよう勧め、技能士資格を取得させることでモラールアップを図っている。社員一人ひとりのものづくりへの情熱・技能・技術と高度な設備機械の組み合せをドメインとして徹底し、顧客からはその最適な組み合せが広く支持されているのである。

生産管理システムとロジスティクスの構築――伊南電器株式会社

伊南電器株式会社は、電線やケーブルをまとめてユニットにしたハーネスを中心に、様々な電子部品の労働集約型加工事業を行っている。同社の最大の特長は、独自の生産管理システムを構築し、国内・中国を結ぶロジスティクスを完成させたことである。社長の田中康文さんは、納期対応、品質管理、材料管理などのプロセス（コト）の「見える化」を重視し、情報システム投資を重点的に行った。

伊南電器の原点は、電器製品等の輸出梱包材や土木工事用木材の加工業である。創業当時は建設部門も有しており、一九六〇年代には大手企業の駒ヶ根工場建設を請け負ったのがきっかけで、協力工場としてマイクロモータの組立に参入した。これが伊南電器株式会社の創業である。輸出梱包用木材加工事業を拡大していけば別のドメイン、すなわちパッケージ事業（段ボールやプラスチックフィルム、発泡スチロール等）への展開なども考えられたが、マイクロモータ組立に参入したことで、組立加工の技術とノウハウを修得した。その後、組立の海外移転が進む中、親会社から支給されるマイクロモータ用の

図表５―６　駒ヶ根と中国を結ぶ伊南電器のネットワーク

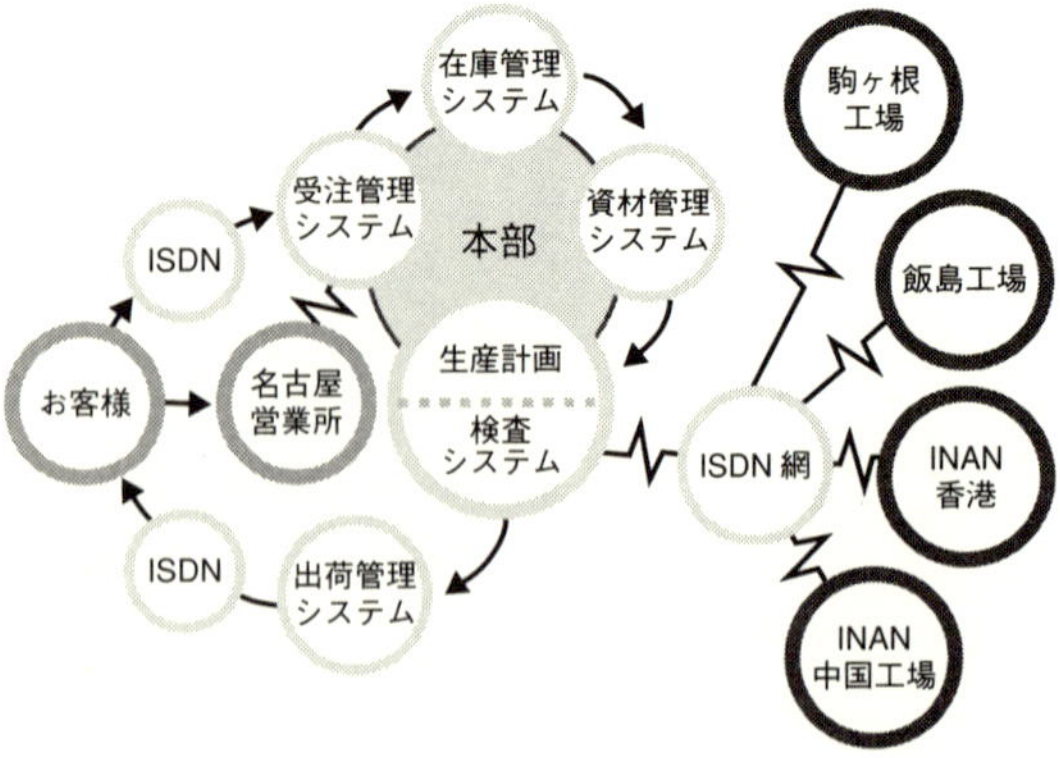

出所：同社ホームページ

リード線やシールド線の加工を自前で行ううち、モノとモノをつなぐ周辺分野のワイヤーハーネスに着目する。

顧客としては民生のセットメーカー（最終製品のメーカー）が主体であったが、その後より付加価値の高いＯＡ機器、自動車、産業機器分野に拡大してきた。一社依存を避けるため顧客数を拡大し、ワイヤーハーネスの分野では独立系企業として全国的に高い存在感を示している。最近では新たな組立製品を扱いさらなる成長を目指している。

また、田中さんは円高と人件費高騰、取引先からのコストダウン要請に対応するには中国での生産が必須と判断し、「テクノネット駒ヶ根」が発足する少し前の一九九〇年代前半から中国進出を本格化させていた。不慣れな土地への進出には相当な苦労をされたようだが、わずかなコネや人脈を頼りに見事に中国工場を実現させた。田中さんは現在も月の半分くらいは中国工場で生産・経営管理を行いながら、海外の取引先を自ら回っている。中小企業の場合、新規顧客開拓などの最も辛い前線に経営者自身が立っていないと社員はついてこないものである。田中さんはこうした事情を深く理解し、率先して営業に出ている。

田中さんは、労働集約型ワイヤーハーネス事業の成功の鍵は、ＱＣＤプロセス管理の徹底による「見える化」にあると見抜き、コンピュータによる管理システム「ＩＮＡＮシステム」を構築した。顧客からの注文に無駄なく迅速に対応し、高品質を保って納品できる生産管理システムである。また管理本部と国内及び中国工場をネットワークで結ぶロジスティクスの構築により、生産の進捗状況と履歴をリアルタイムで掌握できるようにした（図表5―6）。このプロセス管理とロジスティクスが、顧客から高い評価を得ている。

このように伊南電器は、ＩＮＡＮシステムと駒ヶ根―中国のロジスティクスという最適の仕組みによって、顧客のニーズに応えている。このプロセスが同社の最大のドメインであり、顧客評価の最大の要素なのである。

高精度技術を再現するプロセスづくり――株式会社ハヤシ

株式会社ハヤシは高精度の精密金属切削加工業を営む企業である。多品種小ロットで、加工精度の高さがモノとして評価されている面ももちろんあるが、コンピュータを使ったＱＣＤ管理の徹底が顧客の信頼感をより高めている。長年かけて築き上げた加工技術データベースにより、迅速な見積作成や切削技術の再現を実現している。

ハヤシは一九七六年に創業した。ハヤシの原動力は、好奇心旺盛で凝り性、「町工場のオヤジ」が口癖の社長林茂男さんのパワーである。林さんは東京で様々な職業を経験した後帰郷し、中古旋盤を購入

図表5—7　ハヤシのドメイン

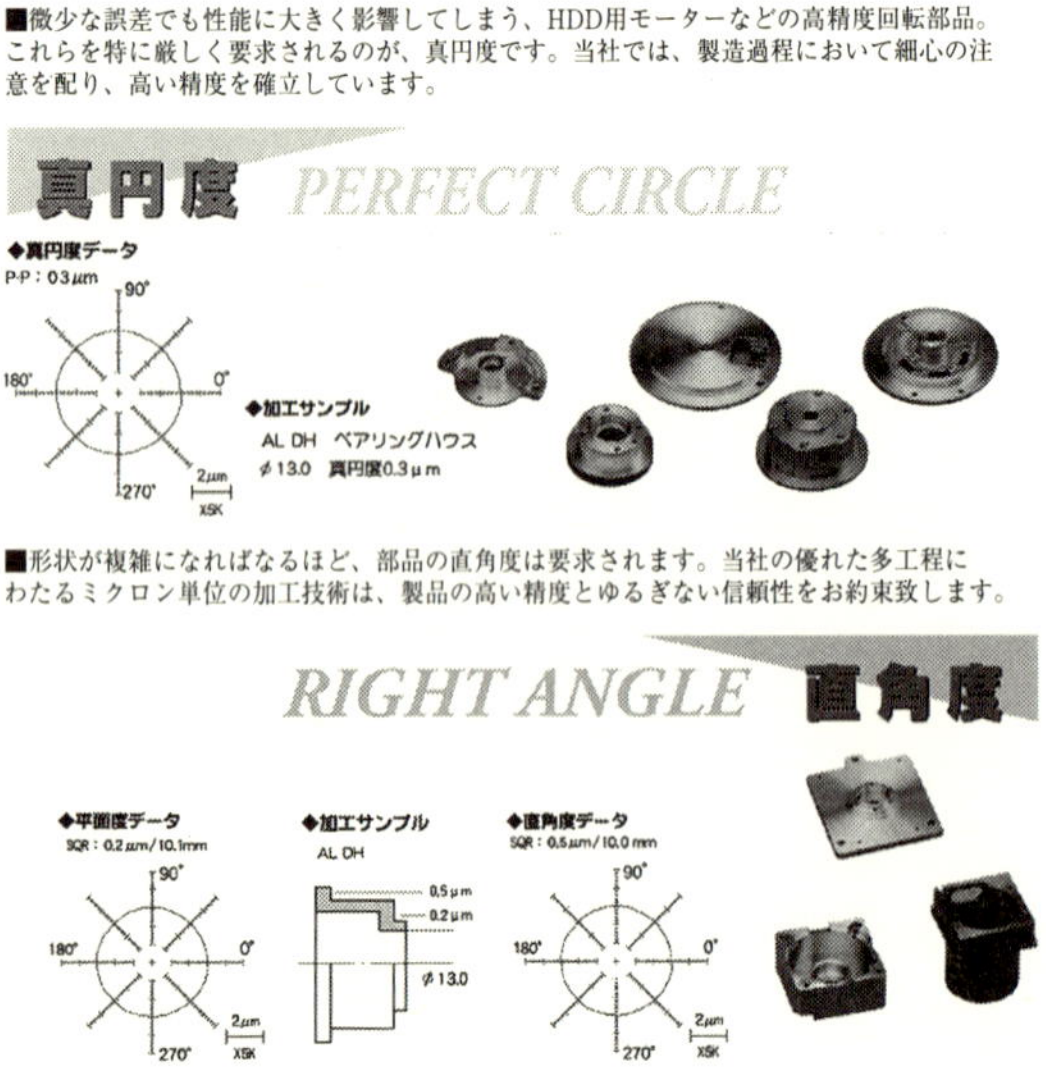
■微少な誤差でも性能に大きく影響してしまう、HDD用モーターなどの高精度回転部品。これらを特に厳しく要求されるのが、真円度です。当社では、製造過程において細心の注意を配り、高い精度を確立しています。
真円度　PERFECT CIRCLE
◆真円度データ
P-P：0.3μm
90°
180°
0°
270°
2μm
X5K
◆加工サンプル
AL DH　ベアリングハウス
φ13.0　真円度0.3μm
■形状が複雑になればなるほど、部品の直角度は要求されます。当社の優れた多工程にわたるミクロン単位の加工技術は、製品の高い精度とゆるぎない信頼性をお約束致します。
RIGHT ANGLE　直角度
◆平面度データ
SQR：0.2μm/10.1mm
◆加工サンプル
AL DH
0.5μm
0.2μm
φ13.0
◆直角度データ
SQR：0.5μm/10.0mm

出所：同社ホームページ

し家内工業として会社を設立した。もともと技術があったわけではないが、付き合いのあった商社から勧められたこともあり、金属の切削加工業に踏み出した。一九八一年に有限会社、九七年には株式会社となり、同時に駒ヶ根市内の工業団地に土地を取得し新工場を設立した。「テクノネット駒ヶ根」の立ち上げと同時期に新工場が出来、「テクノネット駒ヶ根」と共に成長してきた企業といえる。当時初めてお邪魔した新工場は、マシニングセンターやNC旋盤がまばらに置かれ、がらんとした雰囲気であったが、今では機械も増えて手狭になり増設されている。

　家内工業を脱し存在感を持つようになった飛躍のきっかけは、多様な加工を自動で行うマシニングセンターのプログラムをつくるための「旧自動プロ（現在のCAD／CAM）」との出会いである。当時林さんはコンピュータの知識はなかったが、これに無限の可能性を見出し、寝食を忘れるほど熱中し、使いこなしていった。それによって高精度の部品加工を高い再現性で行うことができるようになったのである。現在では高精度の限界に挑戦し、切削加工の基盤となる「真円度」と「直角度」を極限まで追求し顧客の信頼を得ている。「真円度」も「直角度」も、組立や製品の性能に大きな影響を与える品質で、特にハヤシが製作している複雑形状部品ほどその要求精度は厳しい（図表5―7）。

コンピュータとの出会いと一九九〇年代後半以降のパソコンの普及が、ハヤシの事業を強くし差別化を進めた。林さんは独学で表計算ソフト等を使いこなし、またたく間に加工データベースやコスト・納期などのＱＣＤ管理をコンピュータ化した。管理部門を人に委ねず、社長自ら現場と事務部門の管理を行えるようになったこともメリットであった。

かつて量産品で成長した後に受注が途絶えて苦労した経験から、現在ではモノとしてのドメインを「高精度・多品種、少量・中量生産」と設定している。コトとしてのドメインは、見積への迅速対応、「いかに早く安くつくるか」のプロセス重視である。林さんの口癖にある「町工場」の多くは、たまま品質の高い製品をつくることができても、それがデータとして蓄積されないため再現が難しいのが常である。林さんはそこにドメインを見出し、地道な成長を続けてきた。中小金属切削加工業の生き残る途として「オンリーワン技術」が言われることが多いが、より重要なのは加工技術を再現するマネジメントやプロセス（コト）なのである。

「テクノネット駒ヶ根」の活動を通して、林さんはこの一〇年、「第二の創業」をつくり出そうとしてきた。そして見事その思いを実現し、工場を増設し、顧客からプロセスを評価される会社に育て上げた。

今や社長のご子息正男さんが後継者として成長著しく、「第三の創業」は正男さんが果たすに違いない。

デジタル化と心意気で情報発信支援――株式会社宮澤印刷

明治の末から地元で印刷業を営んでいる株式会社宮澤印刷は、「頼んでよかった、頼まれてよかった」をモットーに事業を行っている。この心意気が顧客に受け入れられているだけでなく、印刷プロセスのデジタル化をいち早く推進し、どのような引き合いにも柔軟に対応できるサービスを提供してきた。

宮澤印刷は創業一九一一年であるから、すでに一〇〇年近くも印刷業を通じて地域の情報発信や交流を支えている。戦時中は上伊那印刷工業組合に統合されたが、戦後は組合の解散を受けて有限会社を設立し、一九九六年に株式会社に改組している。

三代目社長である宮澤宏彰さんの人柄も手伝って、「頼んでよかった、頼まれてよかった」の企業文化（ココロ）が同社のドメインとして地元に深く浸透している。具体的にはチラシ、パンフレット、冊子（記念誌、カタログ、文集、自費出版物など）、広報誌、新聞、名刺、伝票・フォーム、ポスター、カレンダー、封筒・手提げ袋、シール、包装紙、地図など多様な印刷物に対応し、企画・デザインから校正、印刷、製本まで一貫して社内で行っている（図表5―8）。

印刷業は個人情報や企業情報など顧客の機密を扱うので、顧客が信頼して仕事を頼めるかどうかは非常に重要なポイントである。スーパーマーケットの新聞折り込みチラシ一つとってみても、印刷業者を介して特売情報が事前に漏れてしまうなどといった事態が起きては論外である。また言うまでもなく、低コスト、宣伝効果をアップする美しいデザインやレイアウトと品質、短納期が顧客から要求される。

図表５―８　宮澤印刷の事業展開

出所：同社会社案内

宮澤さんは低コスト、高品質、短納期を実現するために、長年培ってきたノウハウをベースに、グラフィックコンピュータを大量に導入し編集・制作のデジタル化をいち早く進めた。ヒューマンタッチが必要な顧客とのやりとりや信頼関係はアナログだが、企画・デザインから印刷・製本までのプロセスはデジタル化を徹底したことによって、チラシをはじめ従来コスト的・納期的に難しかった印刷物の作成がより容易になった。

年賀状印刷などを考えればすぐわかるが、顧客の多くがパソコンのユーザーである現在、印刷の需要が減少しているのは事実である。しかし、単なる印刷だけではなく、「印刷総合サービス」というプロフェッショナルの仕事は、事業のさまざまな面でイノベーションを続けることにより、地域の情報発信と交流を活性化し、地域の付加価値を高める力をもつ。たとえば目を引くチラシを作成することで商店の集客力を高めたり、製品の良さを訴求する地元企業のパンフレットやカタログで地場産業の活性化に貢献したりすることができる。

宮澤さんは一〇〇年近くにわたる自社の歴史のなかで培ってきたアナログ的な良さ（心意気や顧客との信頼関係）を大切にし、印刷プロセスのデジタルイノベーションとＱＣＤの徹底化に努めている。プロが手がける企画・デザイン、印刷機による鮮明な印刷、そしてそれによって活性化する地域間・地域外のコミュニケーション。駒ヶ根地域の情報発信に宮澤印刷は欠かせない存在である。

顧客満足度一〇〇％のパッケージング——株式会社ミコマ技研

精密部品のパッケージング企業である**株式会社ミコマ技研**は、製品自体ももちろん評価されているが、設計から生産までを一貫して行い、ＱＣＤＤＳ（Quality, Cost, Delivery, Design, Service, Speed＝品質・コスト・納期・デザイン・サービス・スピード）を極限まで追求する事業スタイル、すなわち「コト」への顧客評価が高い。また顧客と技術的な打ち合わせができ、包装設計サービスをトータルにサポートする営業パーソンへの信頼も厚い。

中小企業の経営者はじっとしていては仕事も人も集まらないので、自分自身と自社の事業を物語にして語る能力が必要であるが、一九八〇年にミコマ技研を設立した小池強社長もその能力に長けた人物である。小池さんは四国宇和島の工業高校を出て電器メーカーに就職し、外注管理、購買、資材、営業、サービスそして会社更生計画立案など経理以外のさまざまな業務に一通り通暁し、会社の仕組みを理解した頃に退社、ミコマ技研を創業した。一八歳の頃から将来は独立して何か事業をやると考えていたので、会社というものの仕組みがおおよそ分かった時点で起業に踏み切ったという。会社員時代に親しくなった包装設計者の同僚が独立したことも、パッケージング分野での起業につながった。

もしパッケージが無かったなら、剝き出しのまま流通に乗せられた製品は傷だらけになって売り物にならないし、パッケージングがあってはじめて商品という付加価値がつき、顧客のもとに運ぶことが可能になる。つまり「製品がある限りパッケージの需要がある」わけで、小池さんは起業の際、派手さはないが比較的安定したビジネスと判断した面もあった。しかし、最初の三年くらいは仕事がなく、顧客開拓に飛び回る毎日が続いた。工業高校出身の利点で図面を引くことができたので、それを武器にして企業の技術部門とのつながりができた。ちょうどその頃、業界ではパッケージング革命が起きており、価格も下がり扱いやすくなった発泡スチロールが多く使われるようになっていた。

日本の製造業の強みは、コアになる企業とそれを支えるサポーティング企業が存在する構造にある。ものづくりの重要なサポーティング企業として、ミコマ技研のようなパッケージングの設計生産企業、プラスチック部品の大量生産に不可欠な金型をつくる企業などは不可欠である。小池さんは営業活動を行うにあたって、サポーティング企業として他企業とのパートナー意識を持つことを自らに課し、社員にも指示している。

単なる包装材料の受注製造ではなく、設計から製造までをトータルシステムで提供する「パッケージソリューション」がミコマ技研のドメインであり、顧客提供価値である（図表5―9）。そのため、営業パーソンも包装設計の知識と技能を要求される。社是は「Harmony & Happy（調和と幸福）」、企業理念

図表5—9　ミコマ技研のパッケージソリューション

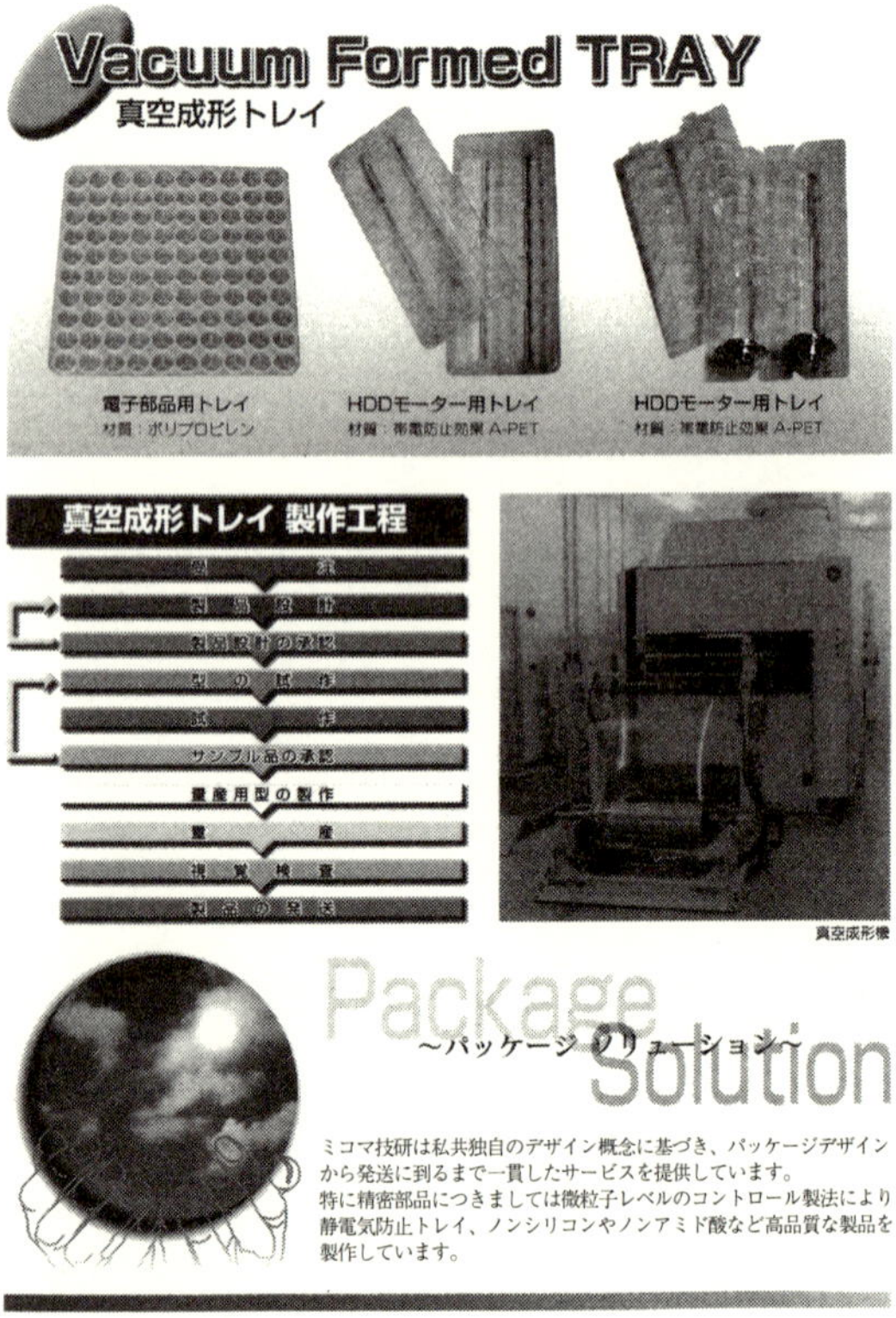

出所：同社会社案内

は①顧客満足度一〇〇％を求める企業、②地域に愛される企業、③幸福な社員を創出する企業、④切磋拓磨する企業、である。これらドメインの深耕のために、経営方針書を社内で配布し、企業理念や数値目標などを共有している。

顧客満足度一〇〇％を目指しＱＣＤＤＳを追求する姿勢に、ミコマ技研のサポーティング企業としての誇りと熱意が込められている。現在は海外進出企業のサポーティングにも着目し、フィリピンにサンメック、中国に三駒香港という現地法人を立ち上げ、日系企業のサポーティング企業としても活躍している。

丁寧な仕事と堅実さでファンを獲得――開陽工業

開陽工業は創業間もない会社だが、代表の小幡晃久さんは高いスキルと持ち前の堅実謙虚な人柄で顧客からの信頼が厚い。丁寧なものづくりが高く評価されており、小幡さんの切削加工した部品は開陽工業ファンの顧客なら一目で見分けるという。精度に加え、見えないところで丁寧な加工を行っているからである。

小幡さんは地元駒ヶ根工業高校を卒業後、自動車部品メーカー勤務を皮切りに、金属の切削加工のスキルを磨いてきた。独立を志し始めた頃、量産品メーカーから、治工具や金型の切削加工を行う多品種少量生産の企業に移った。量産品生産は設備投資が必要で個人での起業にはなじまないことと、量産品の海外シフトを視野に入れてのことだった。その後、機械加工特級技能士の資格を取得し、開陽工業を立ち上げた。

図表５―10　開陽工業の企業理念とドメイン

企　業　理　念

①お客様との信頼第一	お客様のご要求に誠実に対応し、実現に向けて最大限の努力をする。
②共存共栄	Win–Win の関係を維持しうる商売を構築し、最大限の価値を共有する。
③地域社会への感謝	地域社会と共生し、感謝の姿勢を持ち、地域の人々に愛される努力をする。
④商売は繁盛へ	技の嶺みを常に目指し、魁る姿勢を持つ。
⑤仕事を楽しむ	厳しい姿勢で仕事を行い、楽しい仕事にする。

ド　メ　イ　ン

「きれい、ていねい＆自由曲線切削サービス」

丁寧で綺麗に造り込んだ製品をお客様に提供し、自由な発想で自由なラインの加工に挑み、求める形状を最短時間で造り込む。

出所：同社提供資料

事業内容は、マシニングセンターによる異形状製品の高精度削り出し加工や試作品製作、金型や治工具等の三次元形状品の高速・高精度加工である。これまでさまざまな難加工に挑み続けるなかで培われた小幡さんの技術とものづくりへの情熱が開陽工業の強みである。会社は現在、奥様との二人三脚で経営している。

経営マネジメント的には、創業間もなく、「二人なら所得をこれくらい上げれば良いだろう」といった所得動機主体の時期であるはずだが、小幡さんはそこに閉じこもることはない。個人で起業した場合、創業してしばらくは毎日の仕事と資金繰りに追われ、だんだん自分の世界に閉じこもってしまうことがよくある。そうやって活動領域を狭めていくと、当然ながらビジネスチャンスの幅も狭くなっていく。小幡さんは決して領域を狭めず、「企業ドメイン研究会」をはじめ、「プレゼンテーション・コミュニケーション能力養成研究会」や海外視察など、「テクノネット駒ヶ根」主催の研究会・実習にも積極的に参加している。また自社のことだけでなく、機械加工特級技能士受験の経験を生かして、地域の技術者が効率的に資格取得できるように「テクノネット駒ヶ根」の技能検定受験準備講座の講師も務めてくれている。

小幡さんは「地元企業や先輩たちに育てられたので、地域に恩返しをしたい。そして資格を取ることで自信がつく経験を多くの後輩に伝えたい」と語る。自分の殻に閉じこもっていてはビジネスチャンスは拓けないし、地域を育てる気概を持たなければ自社も育たない。小幡さんの信念は、「テクノネット駒ヶ根」参加者たちも共有する思いである。

小幡さんは、これまで大事にしてきたことや会社の生い立ち、創業の思いを忘れないために、自分自身の言葉で次のように企業理念を練り上げた。「①お客様との信頼第一、②共存共栄、③地域社会への感謝、④商売は繁盛へ、⑤仕事を楽しむ」。④と⑤には小幡さんらしさが最も出ている。「商売は繁盛へ」というのは儲けだけに専念するという意味ではなく、「技の嶺《たか》みを常に目指し、魁《さきがけ》る姿勢を持つ」ということで、それが結果的に商売繁盛につながるというのが本意である。また、「仕事を楽しむ」は単に楽しくやろうというような意味ではなく、「厳しい姿勢で仕事に臨み、かつやり遂げることで仕事を楽しくする」というのが真意である。さらに、これまでも顧客評価を得てきた「丁寧な仕事ぶり」をドメインに据え、よりいっそう深めていくことを目指している（図表5―10）。

今後も地域に育てられ、事業を通して地域に貢献していくことで、開陽工業は顧客に愛される強い会社になり、さらにそのことが地域の切削加工技術を向上させていくだろう。

質実剛健の「製造サービス業」——日精技研株式会社

日精技研株式会社は電子部品の組立を行っている企業で、丁寧な半田付け技術が高く評価されている。しかし技術への評価だけではない。社長の竹村進さんと話していると、顧客から信頼される堅実経営、決して無茶をせずに着実に顧客の要望に応えている事業のありようが感じられる。いわば「製造サービス業」という業態である。

一九五九年に創業した日精技研は、大手企業など取引先に恵まれ、協力工場として事業を展開してきた。電子回路及び機械加工技術を主体とした基板回路の委託加工が主な事業内容である（図表5—11）。半田付け技術というとありふれたスキルのように思われるかも知れないが、常に安定した品質で生産するのは非常に難しいことである。電器製品の故障の多くは半田付けの不具合から起きると言われるくらい、技術・技能が要求される工程なのである。日精技研はこの要求に応える技術者人材を十二分に擁している。

受注業界は景気変動の影響を免れることはできない。竹村さんは必要以上に景気に振り回されないよう、「質実剛健」をモットーに、電器部門と精密部品加工部門を事業の両輪として堅実経営を続けてきた。また、日精技研がユニークなのは、独自の製品を持っていることである。それは一九七二年頃から製造を始めたアルカリイオン整水器で、今でこそ大手電器メーカーが参入し、一般の需要も増え大きな製品カテゴリーとなっているが、当時は医療用のニッチ製品が主であった。開拓者的に商品開発に挑み、それを辛抱強く事業として育成していく社風（ココロ）が、日精技研の大きな特徴の一つである。

図表５―11　日精技研の製造サービス内容（電子回路）

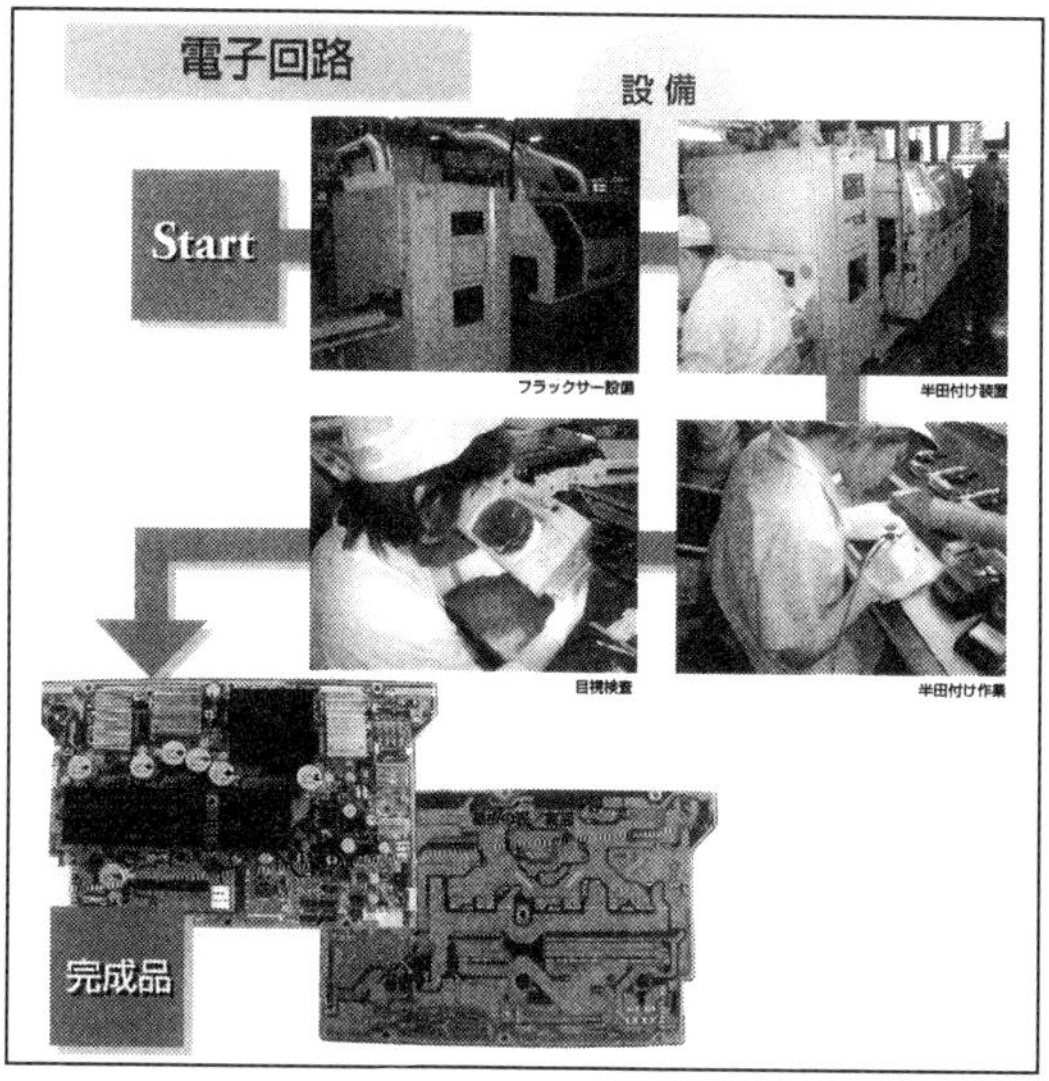

出所：同社会社案内

駒ヶ根市の多くの製造業は、地元大手企業の協力工場としてコイルなどの加工組立から出発した企業が多い。日精技研もその一つであるが、社風の「質実剛健」が徹底されているため、設備投資は抑え、経営者と社員の知恵出しによって、生産品目の変更などに柔軟に対応したり、ＱＣＤのバランスやレベルを極限まで追求するという姿勢が身についている。こうした社風や企業文化は、創業時から労働集約型事業を長く続けてきたことによるマネジメントの強さや巧みさが生み出したものといえる。

一九八五年前後以降、円高や人件費高騰を受けて民生向け量産品の大規模な海外シフトが起き、当時のエコノミストの論調では国内製造業は壊滅的との見通しも多かったが、現実を見ると国内に残った部分も思いのほか多い。製造業の現場を見ていると、多品種少量・短納期の製品群は国内にかなり残ったというのが実感である。竹村さんは海外シフトの大きな流れの中で、顧客開拓や事業システムの再構築を徹底的に進めることで生き残ってきたといえる。単なる製造業ではなく「製造サービス業」というドメインを据え、知恵と技術で環境やニーズの変化に柔軟に対応し、辛抱強く経営を続ける。竹村さん率いる日精技研は、中小企業の鏡ともいえる企業文化を体現している。現在は、これまでに培ったマネジメント力と人材を生かし、技能集団の人材派遣というサービス業へも進出している。

地元に愛される温かい宿――有限会社西山荘

有限会社西山荘《せいざんそう》は、中央アルプス麓の「静養と麦飯の宿」である。社長の宮下善人さんの温厚な人柄も手伝って、地域に根づいた旅館として人々に愛されている。信州駒ヶ根高原早太郎温泉、駒ヶ岳ロープウェイの停留所近くに位置し、日本有数のロープウェイのある観光地だけに、普通なら観光客を主なターゲットにするところだが、宮下さんはむしろ地元の人々に「あそこに泊まるとほっとする」と言われる宿を目指している。

西山荘は中央道が全面開通した一九七六年に開業した。「西山荘」という名前は、駒ヶ根市の西に位置する中央アルプスを地元では「西山」と呼ぶところから付けられた。宮下社長ご夫妻、息子さん夫婦、娘さんを中心としたファミリー経営の宿で、地域の人々に支えられ、業績は好調である。

宮下さんが「企業ドメイン研究会」に参加されたのは、バブル以降の顧客構造の変化に対応すべく、ドメイン経営を確立したいという希望からだった。バブル経済期までは、西山荘に限らず日本中の温泉

図表５―12　西山荘の家族的サービス

出所：同社提供資料

は社員旅行などの団体客を顧客の主軸としており、多くの旅館が客室や宴会場などの設備を団体客向けにしていた。営業活動も専ら旅行代理店相手で、頼んでおけば代理店が団体客を送り込んでくれた。しかしバブル崩壊後は団体客が減少し、経営基盤となる顧客の絶対数が減ってしまった。今後どのような顧客層を主たるターゲットにすべきか、どのようなドメインで営業活動をすべきなのか、宮下さんは悩んでいた。

ちょうどその頃、西山荘は改装の必要に迫られていた。一般的に旅館は七年前後経つと設備が老朽化するといわれ、当時創業二〇年の西山荘は何度目かの改装の時期に当たっていたのである。そして一九九八年、観光客増加に対応すべく駒ヶ岳ロープウェイが拡張工事で一年間休業することになった。観光客数が減ることを見越した宮下さんは、これを機にドメインの再構築をはかった。

西山荘の大きな柱は宿泊と宴会である。まずこの二つの柱を、世の健康志向に合わせて「静養と麦飯の宿」と定義づけた。また、旅行代理店に依存したやり方では、どうしても受動的に客を待つ姿勢になり経営が安定しないので、「老後を楽しむ地域の高齢者の方々に、心と体の安らぎを提供する」を基本コンセプトに、地域貢献ができる宿を目指した。当然改装もバリアフリー、ユニバーサルデザインを導入したものとなった。さらに口コミ効果を狙い、地元の老人会などにサービスメニューを伝え、広めてもらうようにした。

試みに薬湯を始めた頃から顧客層が変化し、地元の高齢者の方々が増えてきた。「年に何度か、薬湯にゆっくり浸かって、アットホームな接客で静養したい」という高齢の女性が増え始めたのである。健康志向ニーズへの対応と、宮下ファミリーのよそゆきでない温かみのある接客が評価されたのだった（図表5―12）。顧客が変われば、当然サービスの内容もそれに応じて変えることになる。館内に手すりなど高齢者の方が必要とする設備を取り入れたり、郷土料理の「鯉の旨煮《うまに》」など年配者が好む食事を提供することで、地元のリピート客が増えていった。

経営姿勢としては、無理せず継続できるサービスを心がけ、顧客満足のためには自分自身が仕事の価値を信じ、満足感を持つことが大切だという方針を掲げている。宿泊客は西山荘の温泉や食事をゆったりと楽しみ、宮下ファミリーの温かさに心からくつろいだ様子である。年に何度か泊まるのを楽しみにしている方も多い。

宮下さんはバブル後の構造変化をむしろチャンスと捉え果敢にドメインを定義し直し、サービス提供の仕組み（コト）を柔軟に再構築し、経営基盤を確立した。しかしそれだけではなく、西山荘が本来持っていた特質、つまり「あそこに行くと心が安まる」「接客が温かい」というファミリー経営の強み、すなわちカルチャー（ココロ）の部分も大きい。これが西山荘の最大の訴求点であり顧客価値であるし、ドメインでもある。

第6章　「やりたいこと」を軸に経営戦略とドメインの検討

DOMAINDOMAINDOMAINDOMAIND

第2章で述べたように、経営戦略とドメインを見直す際には三つの視点がある。業界の動向や環境変化を軸に考えた場合は「やるべきこと」。自社の強みを中心に検討するなら「やれること」。経営者の意思を核に据えるなら「やりたいこと」。この三つの中でドメイン設定において最も重視すべきなのが「やりたいこと」である。他の二つは環境変化に否応なく左右されるが、「やりたいこと」は少なくとも経営者が変わらない限り貫かれるものであり、これをもとにしたドメイン設定によって、軸足のブレない経営を行うことができる。

経営・マーケティング戦略の立案によく使われる分析枠組みとして「スウォット（SWOT）分析」がある。企業の持つ強み（Strength）、弱み（Weakness）、経営環境の機会（Opportunity）、脅威（Threat）の四つの軸から企業の現状を評価する手法である。SWOT分析の目的は、企業・組織が有しているビジネスチャンスや外的脅威などの外部環境分析と、コア・コンピタンス（他社には真似のできない、その企業ならではの価値提供のスキルや技術）や組織体制などの内部要因分析によって、自社の位置づけを総合的に判断することにある。試みに駒ヶ根市をSWOT分析してみると図表6—1のよ

図表6―1　駒ヶ根市のSWOT分析

強み（S）	弱み（W）
●工場用地に適した平地が豊富 ●県立看護大の存在 ●駒ヶ根青年海外協力隊訓練所→若者が周期的に入れ替わる ●駒ヶ根高原への観光客 ●地域力がある ●10年以上の停滞期を生き残っ企業が多い（倒産が少なかった） ●外部に開かれた風土	●人口が少ない（微増である） ●地域依存型サービス業 ●中心市街地の衰退 ●「首都圏から遠い」というイメージ
機会（O）	**脅威（T）**
●隣接する東海地域の産業が元気である ●諏訪～伊那谷の工業集積 ●「住みやすいまち」と外部から評価され、関心を持たれている ●製造業の国内回帰 ●モータ・バレーの進化・深化	●人口の減少・高齢化、労働力確保の困難 ●工場の海外移転 ●長野県や国の財政悪化 ●農業人口の減少

出所：各種資料をもとに価値総研作成

うになる。

しかし、このような分析は非常に手間のかかるものだし、慣れない分析作業に時間がかかるわりにドメインの焦点を絞りにくいという事態も生じる。

第2章で触れたように、ドメインや経営戦略は日常的な言葉で表現し検討することが有効である。自社を取り巻く環境から見えてくる「やるべきこと」、自社の強みや弱みなどの経営資源から導き出される「やれること」、そして、経営者の強い意思を示す「やりたいこと」、まずはこの三つの要素から考えてみよう。第2章で述べたように、理論的には三つが重なり合う部分にドメインを設定するのが正解に思えるが、現実の経営においては限定されすぎてしまい有効性が低い（五〇頁図表2―2

参照）。むしろ環境変化にかかわらず貫き通すことのできる「やりたいこと」をベースに考えると、軸足のブレない経営につながる。本章では、この「やりたいこと」を見つめ直し、ドメインを発想して独自の事業を展開している九つの企業を紹介する。

「和」の市場は、戦後ライフスタイルの欧米化の影響で停滞ぎみだったが、最近ではむしろ和風への回帰の傾向が出てきて、個別の企業にとっては無限の可能性を秘めた市場となっている。日本酒、木材、木工家具、和紙、和服の市場において、それぞれ「やりたいこと」を基軸にドメインを設定し新たな市場を切り開いているのが、**酒造株式会社長生社**、**菅沼木材株式会社**、**唐澤建具店**、**有限会社古島屋**、**久保田織染工業株式会社**である。

また、地域密着型で事業を展開している会社として、ビルメンテナンスをはじめ「地域の生活快適化」を「やりたいこと」と位置づけている**株式会社ビジニナル・サービスセンター**、パッケージングによって地元の農産物や特産品の付加価値を高めている**株式会社長野デラップス**、顧客のニーズに応える強い「思い」で独自のイノベーションを起こしている**株式会社北川製菓**、経営者自らが楽しみながら地域のオートバイ・ファンにサービスを提供している**駒ヶ根モータース**を紹介する。

酒造りはまちづくり――酒造株式会社長生社

日本酒のなかでも近年、純米酒（醸造用アルコールを使用せず米だけでつくる日本酒）の人気が高まっているが、全国の酒蔵に先がけて二〇〇二年に「完全純米蔵」宣言をしたのが酒造株式会社長生社である。この宣言が信州の酒蔵に与えたインパクトは大きく、地元の長生社ファンの間ですら侃々諤々の議論があった。お酒に限らず食品の場合、味や製造方法を変えるのはかなりリスキーなことであり、瞬間的に顧客が離れることも多い。しかし長生社は強い意思で「やりたいこと」を貫き、完全純米蔵にして五年経った現在では、支持者も増えドメインも確実に深まっている。

長生社の創業は一八八三年で、北原久次郎さんにより会社が設立されたのが一九二〇年である。現在は四代目の北原久爾さんが社長を務めている。酒の銘柄は「信濃鶴」という名である。前任の越後杜氏の名人中静直一さんが酒造りを極め、全国新酒鑑評会で六期連続金賞を受賞するなど、「信濃鶴」は中央アルプス山麓の銘酒として全国の通人から高い評価を受けてきた（二〇〇七年の鑑評会では金賞受賞という快挙をなしとげた）。

現在は久爾さんのご子息で専務の岳志さんが、秋から春にかけては杜氏として蔵に籠もり、夏は新規需要の開拓と、忙しく活躍している。岳志さんは経営工学の修士課程で培った知識を駆使して、酒造りと会社経営にデータ化の手法を採り入れ、仕込みから出荷までの工程や品質管理を行う長生社オリジナルのソフトを独自に開発した。長生社の経営の特徴は、前任の杜氏中静さんから受け継いだ技と勘による酒造りと、岳志さんのこうした現代的な情報技術が絶妙に融合している点である。長年かかって、仕込みごと・年ごとに酒造りのデータが蓄積され、それに基づいて効率的に品質を上げていくことができる仕組みを築き上げたのである。

日本酒業界は、吟醸酒や地酒ブームなど時々に話題があるため傍目にはそれなりに安定して見えるが、実はすでに三〇年以上低迷が続いている。食生活の欧米化や業界全体の古い体質も手伝い、需要は全盛時代の四割近くまで落ち込んでしまった。岳志さんは、このままでは生き残れないという強い危機感を抱いてきた。

そこで長生社は、岳志さんを中心にイノベーションを起こしていく。まず前述のように二〇〇二年、「完全純米蔵」を宣言、実行した。日本酒メーカーは星の数ほどあれど、「完全純米蔵」は全国的にも数えるほどしかない（筆者らの知る限りでは長野県では長生社だけである）。米は駒ヶ根市に隣接する飯島町産の酒造好適米「美山錦」を一〇〇％使い、六〇％まで精米する。価格は同社従来品（アルコール添加の普通酒）と据え置きにした。コストは上がっているのだから当然利幅は減ったが、岳志さんらは地元の人に毎日飲んでもらいたいとの強い思いを持っていた。全量美山錦・精米歩合六〇％で一升一六五〇円は日本一の価格である。

同時に、日本酒のブランドイメージを毀損しているリベート等は全廃した。大量仕入をしていた酒販店には負担をかけることになり、それがきっかけで消費量の大きな料飲店での「信濃鶴離れ」が起きたのも事実である。また、「純米酒はコクはあるが、味が重たいので燗に向かない」との風評も出た。しかし、保守的なはずの人間の味覚というものは、一方で思いのほか新しい味を受け入れる柔軟性もある。最近では純米酒も次第に人々の舌になじみ、アルコール添加の日本酒では物足りなくなったという人も増えたはずだ。

純米蔵にすると言っても、酒造りのやり方を変えるのはそう簡単なことではない。在庫の問題もあるし、酒質を安定させるために酒造方法にひと工夫が必要になる。長生社では、完全純米蔵宣言をする以前から、一〇年以上かけて徐々に醸造アルコール添加量を減らすという手法で酒造方法＝プロセス（コト）を変えていた。宣言の頃には、普通酒でも醸造アルコールの量はごくわずかだったという。

図表6—2　長生社の酒造りのコンセプト

地元の酒米で
丁寧に
純米酒を
醸しています

誇れる地酒

信州の美山錦は日本一です。その中でも伊那谷は一大産地として名を馳せています。

信濃鶴は使用する原料米全てがこの地元産の美山錦です。

地元の水で育った酒米を、地元の水で酒に醸すことは最も自然な流れであり、できた酒を地元で飲むことで、地産地消も完結します。

地域に根ざした造り酒屋として、健康で持続可能な、ゆったりとした生活の価値を大切にしていきたいと考えています。

酒造りはまちづくり。小さくとも皆が誇れる純米酒のまちを目指します。

出所：同社提供資料

酒造りには繊細な温度管理が必要であるが、かつてのように大勢の人員を雇える状況ではないので、温度調整が容易な醸造用のサーマルタンク（一般に吟醸酒に使われる）を導入した。これにより長期低温発酵・低温貯蔵ができるようになった。また、大型冷蔵庫をうまく使った麹室と岳志さんオリジナルのコンピュータシステムで、どこにいても携帯電話で蔵の温度管理状況を把握できるようにした。

長生社は、名人芸だけに頼るわけでなく、ましてや偶然に任せるわけでもなく、技と情報技術を融合させて「再現可能な酒造り」を可能にしたのである。外見は老舗の酒造家だが、一歩中に入れば最先端ハイテク装備の蔵。かといって、大手メーカーのような効率偏重の合理化とは違う。データ処理はコンピュータに任せ、麹づくりや酒母づくりなど人の手をかけなくては絶対にうまくいかない工程には愚直に手間ひまをかける。これが長生社の酒造りである。

これほどの純米酒、大消費地の東京で販売したらどれだけ売上が上がるか、などと考えてしまうが、岳志さんの姿勢は「信濃鶴は東京で売る酒ではありません」と一貫している。「規模の小さい蔵ですから、地元の人たちに飲んでもらったら東京に出す分は残りません」といつも笑って答える。頑固一徹、信念の人だ。

長生社では、「人と人とのつながりを大切に、地域の人と共に生きる」「酒造りはまちづくり、農づくり」というコンセプトをもって、地産地消を推進している（図表6―2）。「誇れる地酒」にするためには、素性の知れない醸造用アルコールを使うわけにはいかないのだ。完全純米蔵宣言から五年、かつては飲まず嫌いで敬遠していた人々もだんだん信濃鶴を支持するようになってきた。信濃鶴があるから、駒ヶ根の一人当たり純米酒消費量は間違いなく日本一である。岳志さんは最近ブログを始め（「専務取締役杜氏の純米酒ブログ」http://sinanoturu.blog77.fc2.com/）、信濃鶴の良さ、長生社の酒造りのこだわりを全国に発信している。その面白さは多くの人を惹きつけ、人気ブログとして定着している。

木材業界にもＱＣＤの発想を――菅沼木材株式会社

木材の需要が全国的に減るなか、**菅沼木材株式会社**は「木材にもＱＣＤを」の発想で独自の事業を展開している。専務の菅沼久さんは、経営戦略の練り直しの過程で、自社の歴史や「やりたいこと」を改めて見つめ直した結果、「木材」をドメインとして再定義した。こうなるとおもしろいもので、ヒト、情報、元気が集まりだし、事業の構造転換を着実に進めている。

一九五〇年、近隣の山の立木販売を始めたのが菅沼木材の出発点で、創業から八年後に製材工場を建設した。当時大きな需要があった輸出電機製品用梱包材や、「暴れ川」天竜川の治水工事仮設資材の製材を皮切りに、六〇年代半ば以降は建築用材の製材へ展開した。この間、木材の用途の川下化を図り、住宅建築の請負も始めた。

山林に恵まれた駒ヶ根の地元資源をベースに、成長分野の土木工事、電機産業、住宅などの分野に展開していったわけだが、一九六〇年代に起きたパッケージング革命によって梱包資材が段ボールや発泡スチロールに移行し、治水工事が進むにつれ土木工事向け需要も少なくなり、停滞感が強まった。そのため八〇年代初めに地元の大手精密機械部品メーカー等の下請工場として、電子部品及び建築部材組立に事業を拡大した。用途とコストの問題から、取り扱う木材の調達先も県産から北洋、ニュージーランド、チリ、米国などに拡大した。すぐ近くに森林が豊富にあるのにそれを使えないというのは矛盾に感じられるかもしれないが、林業は植林から伐採まで数十年、ゆうに次世代までかかる事業であり、先を見越して植林しても資源として活用できるようになった時には産業構造が変わっていることが多い。現代の駒ヶ根でも、数十年前に植えた木々が、上記の構造変化によって使いにくくなってしまったのである。それでも、地元木材を天然乾燥して使ってこそ土地に合った住宅が作れるという思いから、菅沼さんは伊那市の二社と共同で自社用地に県産材の天然乾燥施設を建設した（図表6―3）。

菅沼さんは「企業ドメイン研究会」に参加し、製材、住宅建築、部品組立の三つの事業分野のうち今後どこに軸足を置くかについて検討を続けてきた。前二者は木材という材料で共通する点で、両立しやすい分野といえる。一方部品組立は、製材業よりは成長が期待できそうだが、組立業の海外移転の動きが進む中でどこまで国内に残るか不安があった。また、部品組立の中でも建築部材と電子部品では大きさや組立精度が異なり、取り扱いノウハウや設備が共通しない。

図表6－3　菅沼木材の挑戦――県産材の天然乾燥施設

出所：同社提供資料

菅沼さんは、会社の歴史とこれらの現状とを捉え直し、製材業者の廃業が続く中で自分たちが生き残ってきた強み（顧客基盤、地域での信用、材料調達力と納期対応力、製材技術の高さ、職人さんを活用するマネジメント力など）を再発見した。これがいわば「やれること」である。そしてそこからさらに進んで、「やりたいこと」として「会社のルーツとしての木材」を選び、製材とその川下分野である住環境関連サービスに軸足を置くことを決めた。その後の同社の展開の大きな特徴として、部品組立事業で知らぬ間に蓄積されたQCDの力が生きてきたことが挙げられる。木材業界は、木材自体の品質が安定しないことなどから総じて大雑把なところがあり、そのような業界で独自のQCDマネジメント力を発揮したことが顧客に評価されたのである。

ドメインを再定義することで、会社には知恵や情報が集まり、それによってドメインが育ち始め、経営者の行動も変わってくる。同社ではそれまで事業展開に不安を持っていたため設備投資などもワンテンポ遅れがちであったが、たとえば労働環境改善ということでトイレや休息所を改築したところ、社員のやる気が高まり、生産効率も上がった。「やりたいこと＝木材」とＱＣＤマネジメント力を武器に、菅沼木材の挑戦と飛躍は今後も続いていくだろう。

森のいのちを暮らしの中に——唐澤建具店

戸や襖、障子などの建具は、かつては建具職人が家に合わせて作っていたが、住宅の洋風化と部材の大量生産化により、職人技の「匠」の出番は少なくなってきた。駒ヶ根市内にも以前は建具店が数多く存在したが、現在経営を続けているのはごく少数である。**唐澤建具店**はその数少ない一軒であり、生き残っているにはそれなりのわけがある。その一つは二代目、唐澤浩さんの強い「思い」である。唐澤さんはできるだけ県産・国産材にこだわり、「森のいのちを暮らしの中に」織り込むという強い信念を形にしている。

唐澤建具店は浩さんの父、忠利さんが東京オリンピックの翌年一九六五年に独立創業した。以来、木工建具・家具の製造と取り付け、住宅のリフォームやメンテナンス関連事業をオーダーメイドで行ってきた。「企業ドメイン研究会」に参加した二代目の浩さんは、大学を出た後九〇年代初めに父に弟子入りし、約一〇年間の研鑽を経て木工建具の一級技能士資格を取得した。その後親子で力を合わせ、主に工務店や大工さんの依頼を受けて木工建具・家具（キッチンなども含む）の製造と取り付けを行っている。

手づくりの木工家具は、実際に触って見てもらわないことにはその良さが伝わらない。そこで唐澤さんは仲間と共同でショールーム展示を行ったり、次節で紹介する**有限会社古島屋**の平澤徹さんらと一緒

図表６—４　唐澤建具店のドメイン

企業理念・ドメイン

「森のいのちを暮らしの中に」
——日本の木と粋《いき》で
生活空間をデザインする——

県産材を使ったキッチン製造の様子

出所：同社提供資料

に和紙の枢を開発し、「木の温もりのある製品」を顧客に提案する試みを続けている。

忘れられつつある伝統品「建具」の良さを今の消費者に知ってもらい、使ってもらうには、常に顧客に近いところから発想し、情報発信を続けていく必要がある。そのためには基本スタンスとして、「依存しない、立ち止まらない、常に先端にいつづける、一流を目指す、物語を大事にする」ということが重要である。しかし、これを続けるのは個人事業の場合特に難しい。受注をこなすことに追われてどうしても自主独立・先端的な内容をもった「顧客への提案」が二の次になってしまうからである。この場合に有力な手段となるのがインターネットである。

浩さんは独自の建具や家具を製作しながら、商品の紹介や製作プロセス・材料の解説など、インターネットによる顧客への情報発信を常に心がけている。

浩さんは「森のいのちを暮らしの中に」というドメインによって、材料の木が生育する場面から、木材として丁寧に熟成するプロセス、職人の技で製品にまで創り上げる過程を「物語」として顧客と共有することを目指している。つまり単なる木工品の製作・販売ではなく、「日本の木と粋《いき》で生活空間をデザインする」という価値を、自身の「やりたいこと」として位置づけると共に顧客に提案していくのである（図表6―4）。これを「物語」として顧客に伝えるには、おおもとの材料である「木」の魅力を語ることができなければならない。そのため浩さんは、できるだけ県産無垢材にこだわり、木や森のいのちを感じ取って形にすること、顧客のライフスタイルに合った建具を顧客と共につくり上げていくことを目指している。

毎日目にし、使うものである戸や障子、襖、あるいはキッチンに、木や森の物語が込められ、そこに家族の生活の物語が書き加えられていく。この壮大で豊かな生活デザインの発想を軸に、唐澤建具店の挑戦は続いていく。

和紙の豊かな可能性を提案――有限会社古島屋

現在では「紙」といえば洋紙のウエイトが高いが、古来使われてきた和紙の世界には洋紙とは違う独自の生活文化がある。**有限会社古島屋**は、幅広い品揃えの洋紙・和紙販売から襖の張り替えまでを行う「紙屋」である。社長の平澤徹さんは、紙の中でも特に和紙の世界を現代日本の生活文化に結びつけることをドメインとし、同志の仲間を集めて活動している。

古島屋は、昭和の初めに初代が「紙屋」として開業したのが生い立ちである。二代目利明さん（徹さんの父）の時に建具組合に加入したのをきっかけに、襖紙に事業を拡げた。以後襖の張り替えサービスも開始し、一般の用紙店・文房具店とはひと味違う「紙屋」として事業を展開してきた。三代目の徹さんは「企業ドメイン研究会」に参加し、紙の中でも特に和紙の豊かな可能性を開拓することを自身の「やりたいこと」として追求している。

古島屋は上伊那地域の中でも和紙の圧倒的な在庫数を誇り、襖紙も良質なものを数多く取り揃えているため、個人客のリピーターが多い。紙の全体的な需要は今ではコピー・OA用紙などオフィス向けが多くを占めているが、一方でパソコンの普及によって以前には思いもかけなかった個人需要も生まれている。たとえば結婚式の招待状やパンフレット、サークル活動のチケット、各種チラシなど、いまや多くの人がパソコンを使って自前で作ることが増えている。和紙の新たな需要はこれらの個々のニーズにこまめに対応していくことでまだまだ開拓が可能である。また襖紙は、住宅様式の洋風化のため現時点で爆発的増加は見込めないものの、大量生産品にはない質と味わいをもつ高級襖紙の場合、張り替えの安定需要がある。加えて、生活に比較的余裕のある中高年層を中心に、和紙・和文具の人気が高まっている。これらの市況をにらみつつ、徹さんは和紙の魅力を発信し、新たな需要開拓に努めている。小売部門の店頭では、友禅和紙の障子など、和紙の美しさを表現した作品を展示し、顧客にアピールしている（図表6—5）。

古島屋では顧客に対し、「和紙の文化性」を情報発信していくことを常に心がけている。古来、日本

図表6—5　古島屋の提案

店頭には友禅和紙などを貼り合わせた障子を展示してライトアップし、和紙の美しさを顧客にアピールしている。

出所：同社提供資料

人の生活に密着した形で使われてきた和紙の世界は非常に奥深い。まず誕生の時に命名紙に出会い、さまざまなお祝いやお別れの時には熨斗紙《のしがみ》・熨斗袋が活躍する。人生の大きな節目を画する住宅の新築・リフォームの際には襖紙、趣味の時間には書道半紙や画仙紙、作品の表装・額装と、洋紙が多くを占める現代においても人と和紙との縁は深い。このように生活に深い関わりをもつ和紙の「物語」（使い方や手入れについての丁寧な説明、熨斗紙や結納品など紙製品の文化的意味合いの解説、書道作品などの表装・額装等々）を顧客に発信・提供していくのである。こうしたサービスの基礎には、長年の間に培った経営資源があることはいうまでもない。さらに徹さんは、自由な発想とノウハウを生かし、前述のように**唐澤建具店**の唐澤浩さんらと共に和紙の框も開発している。この框は「しののめ」と名づけられ、大切な人が亡くなった悲しみと追悼の気持を大切に形にした特別な品である。

古島屋では、このように生活文化に密着した和紙の世界をドメインとして深耕し拡げていきたいと考えている。そのため、卸小売業の業態をとってはいるが、どちらかというと生活者に密着した小売業の方に力を入れている。徹さんは、今後は紙の文化性や遊び心と、洋風のライフスタイルの中に和のテイストを採り入れることでより豊かな生活・心理空間を創造できるという和紙の特質を、柔軟な和洋折衷型で若い世代に提案していきたいと考えている。

和紙の場合、一つとして同じものがない手づくりの味わいがあるから消費者は簡単に捨てられなくなるのではないだろうか。奥深い和紙の世界を生活に採り入れることで、消費偏向型でない、心を豊かにする暮らしが生まれる。徹さんは、生活者の真の心の満足・幸福のために、あらゆる知恵や経営資源を駆使して紙の文化を提供する「紙遊人」を目指し、まずは地域の生活者との、ひいては全国の消費者とのコラボレーションによる和紙の新しい世界を創り上げようとしている。

顧客に夢を与える伊那紬——久保田織染工業株式会社

伊那紬《つむぎ》は、経済産業大臣指定も受けている伊那地域の代表的な伝統工芸品である。**久保田織染工業株式会社**は、この伊那紬を製糸（撚り）から染色、手織りまで一貫して製作している。工場を見せてもらったり社長の久保田治秀さんのお話を聞いていると、伝統を軸とした独自の存在感の根底に経営者の強い意思＝「やりたいこと」が据えられていることを感じる。

養蚕が盛んだった信州では一八世紀初め、絹を使ったざっくりとした素朴な風合いの信州紬が地場産

図表6―6　久保田織染工業の伊那紬の製作風景

染色の原料を素材別にストック

社長自らが伝統の魂を糸に吹き込む

出所：同社提供資料

業として奨励された。伊那紬はこの信州紬の流れを汲み、昔ながらの製法を受け継いでいる。しかし糸撚りから織りまでの一貫生産を行っているのは長野県下でも久保田織染工業だけである。また地場産業発展のため、地元の原糸と染材を使っている点も特徴である。

久保田織染工業の伊那紬の独自の色と風合いは草木染めによるものである。染材には工場近くの山や果樹園で伐採されるリンゴ、ヤマザクラ、カラマツ、イチイ、ドングリなどの木材を使っている。これらの煎汁で撚糸を染色すると、染材の元の姿からは想像できないような色と風合いの糸に仕上がる（図表6―6）。天然染料だから仕上がりは安定しないが、むしろ一つとして同じもののない野趣溢れる色合いと風合いに惚れ込んだ熱烈なファンも多い。

手作りの仕事の場合、気がつくと深くのめり込みすぎ、作り手としてのこだわりばかり強くなって、生活者の目線を忘れてしまうことが多い。久保田さんは、ものづくりにこだわりは持つが、決してそれに囚われずに経営を続けていくというバランス感覚の持ち主だ。久保田さんは五代目で、社長に就任してからすでに約四〇年のキャリアがある。残念なことにその間、和服の需要はどんどん減ってきている。バブル経済期は高級品志向が高じて価格は下げ止まったが、その後は漸次需要が減ってきた。しかし久保田織染工業は、中小企業だからこそ独自のマーケット開発が可能だという信念に従って事業を続けてきた。

およそ商品というものは、店頭に置いておけば売れるというものではない。久保田織染工業では、伊那紬の歴史を解説し製作過程を実演することによって、顧客に伊那紬の「物語」を共有してもらうように努めている。それによって関心を持ってくれた顧客にタイミングよく商品や和服生活の価値を提案していくことも重要だ。工場へ一歩足を踏み入れれば、多くの人が久保田さんの伊那紬のファンになるはずである。使い込んだ伝統工芸の設備、久保田さんの語る歴史、伝統への強い意思に直接触れることで、ついつい伊那紬の「物語」に引き込まれる。

最近では入門編とも言える浴衣が流行していることもあり、和服への関心が以前よりも高まってはいるが、和服業界にとって冠婚葬祭などの「ハレ」の席以外での日常的使用がもっと増えることが望ましいのは言うまでもない。しかし久保田さんはもう一歩進んで、和服を日常的実用品・芸術作品のいずれにも偏らずに捉えることが肝要と考えている。実用品として売っていくには市場が不安定すぎるし、かといって芸術作品としての出来映えばかりを追求していては産業として衰退する。久保田さんは「和服を通じて顧客に夢を持ってもらうアイテム」として伊那紬を製作することを自身の「やりたいこと」と位置づけ、織機を持参して全国で製作実演・販売活動を続けている。

よりよい生活環境をつくるトータル・サービス——株式会社ビジニナル・サービスセンター

株式会社ビジニナル・サービスセンターは、「駒ヶ根の生活を快適にする」をドメインに、ビルメンテナンス事業から出発し、現在では「ビジニナル・グループ」としてフューネラル（葬祭）事業やシルバー事業等に領域を拡げている。社長の小林祥宏さんは、自らの強い意思とビジョンを軸に新しいエリアを開拓し続けるサービスのプロフェッショナルである。

ビジニナル・サービスセンターは、小林さんがホテル勤めを経て一九七一年に個人起業した会社である。「ビジニナル」という聞き慣れない言葉は、「美人になる」をもじってつけた名である。創業以来、ビルメンテナンスや下水道維持管理事業を中心に、「駒ヶ根のよりよい生活環境づくり」に貢献してきた。駒ヶ根市は前述の通り「全都市住みよさランキング」で全国第一位に選ばれたこともあるまちであるが、ビジニナル・サービスセンターの活動もそうした快適なまちづくりの一翼を担っていると考えられる。

同社のビルメンテナンス事業は、清掃事業だけではなく、ビルを維持していくために必要なサービスをトータルに提供するものである。オーナーから見れば、清掃はこの会社、設備メンテナンスはあの会社、水道はまた別の会社、などとあちこちの会社に頼む必要はなく、一社にすべて任せられるから簡便

図表6―7　ビジニナル・グループの事業領域

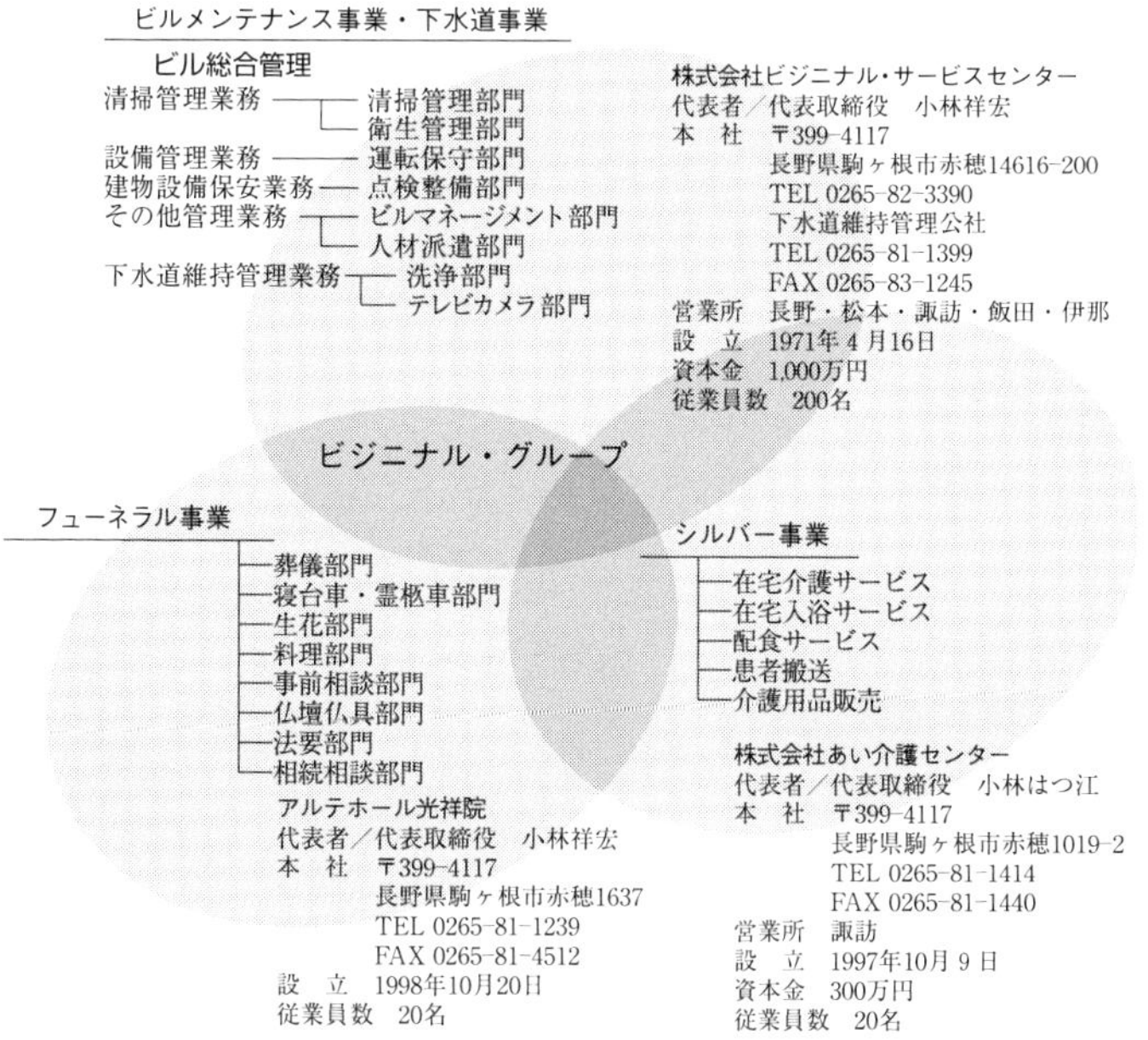

出所：同社ホームページ

で安心感もある。具体的には建物内外の清掃、下水道維持管理、害虫防除、廃棄物処理等の環境衛生管理、電気・空調・消防等の設備管理、交通誘導、施設警備、現金輸送等の警備、受付・電話応対・秘書・経理事務等の人材派遣など、サービスの範囲は多岐にわたる（図表6―7）。対応地域も駒ヶ根市を越えて、近隣の病院、学校、市役所などにも顧客を持っている。また下水道維持管理部門はビルメンテナンスと並ぶ同社の主軸事業で、ロボットカメラによる下水道調査と管洗浄を行っている。一九七〇年代以降、駒ヶ根市をはじめ各自治体が下水道事業に注力し始めたのに伴い、成長を続けてきた。

　小林さんは常に先進的に新技術を開発導入し、顧客に新たなサービスを提案し続けている。その一つがビルメンテナンス分野のドライクリーニング清掃法である。水を使わず清掃するので床が濡れず、転倒事故の防止にもなる。そのため、たとえば二四時間営業のコンビニやスーパーマーケット、病院など、常に人が出入りする店や施設に顧客を広げることができる。

小林さんがサービス業の経験を積んだのはホテル勤務時代であった。ホテルはある意味究極のトータル・サービス業なので、そこで得たきめ細やかなサービスのノウハウは、同業他社とはひと味違う持ち味につながっている。また、顧客の不安感を解消し満足度を高め、かつ事業のシステムを確立させるため、サービス内容とコストの関係をできるだけ透明化させている。サービス業では、「あれもこれもできます」では、現場の従業員に過剰な負担がかかる上、人によってサービスのレベルに差が出てしまい、結果的に顧客の不満につながる。「できることを明確にし、顧客に料金システムを明示する」という基本方針を徹底することで、働きやすい職場になり、サービス力に優れた女性スタッフが定着し、顧客にも満足してもらえるという良い循環が生まれている。

最近ではフューネラル事業と福祉関連のシルバー事業にも展開している。前者では本格的な斎場を建設して、これまで培ったノウハウを高度に生かし、顧客満足度の高いサービスを提供している。単に葬祭儀式を請け負うだけではなく、仏壇仏具や法事などの関連部門やアフターサービスまでカバーし、遺族の心のケアも含めて「葬祭に関するすべてを安心して相談できる会社」となるのが目標である。「駒ヶ根の生活環境をよりよくしたい」をドメインに、小林さんとスタッフは前進を続けている。

株式会社長野デラップスは、かつては地域のスーパーや事業所に包装資材を提供するだけだったが、社長の増澤良雄さんの不思議な魅力も手伝って、周囲に多彩な人材が集まり、非常にユニークな事業展開をしている企業である。地元のいろいろな資源を「包む」ことで地域の価値向上をプロデュースする、というのが同社のドメインである。

増澤さんは、包材という付加価値の低い商品に、アイデアや人脈を駆使して予想外の価値をつけることで新しいビジネスモデルを創出している。具体的にはたとえば、地元在住のデザイナーをコーディネートし、地元に合ったパッケージをつくり、地元の生産物を高付加価値化する。扱っている包材（ハード）はよく見かける普通のものだが、〝「包む」を軸としたサービス〟（ソフト）によって、ひと味も二味も異なる「包装サービス事業」が実現した。

長野デラップスの創業は戦後間もない一九五〇年で、六〇年代くらいまでは地元産木材を活用し経木《きょうぎ》の製造を行っていた。取引先は食料品店が多かったが、その後スーパーマーケットの成長に伴い事業が拡大し、包材も経木からプラスチックフィルムを使ったレジ袋や食品トレーなどに移行していった。六〇年代以降のパッケージング革命にうまく対応し、成長を続けたわけだが、七〇年代に入ると仕入先の倒産により大きな打撃を受けた。特定の企業に依存する経営は、営業経費の効率が良いため収益が一定程度確保でき楽な面もある。しかし言うまでもなく、それでは環境変化への適応力が弱いし、新たな事業展開は見込めない。長野デラップスはこの苦難の経験から大手依存型の経営を反省し、仕入先を幅広く設定して自主自立経営への仕切り直しをはかった。

一九九〇年代に入り、自然環境破壊の社会問題化、スーパーの経営悪化などの状況変化によって、単

図表6―8　長野デラップスの企業理念

（写真：同社プロデュースによる天竜精機の展示ブース）

企業理念

- **お客様の賑わいづくりが私たちの喜びです。**
- **「包む」を通して商品の価値感を高め、お客様の商売繁盛に貢献します。**
- **地域と私たちの共感と信頼を通じて個人、社会、地域の活力を創造していきます。**

出所：同社提供資料

なる包材販売では生き残りが難しくなり、長野デラップスの「パッケージの高付加価値化」への挑戦が始まった。環境に配慮したエコロジー・パッケージや、デザイナーをコーディネートしたパッケージの開発に取り組み、さらには包む中身である商品の発掘、企画、マーケティング、販売支援にまでサービスの幅を拡げていった。「包む」ことを軸に顧客とサービスが多様化し、多彩なネットワークが構築され、長野デラップスは〝地域資源を包んで高付加価値化する〟という他に例を見ない独創的な企業となったのである。その具体的な事例の一つが、**第4章**で紹介した**天竜精機**の展示ブースのプロデュースである。増澤さんは企業理念を、「『包む』を通して顧客と地域の活力を創造すること」と定めている（図表6―8）。

信州には地域独自の食品や名産品、地元に根づいて活動を続けているデザイナーやクリエイターなど、まだまだ潜在的な地域資源がたくさん存在する。これらをコーディネートし、組み合わせ、世の中に商品として提案していくことで、地域が活性化し地域外の顧客にもサービスを提供することができる。一つひとつの事業に手間暇はかかるが、地元の人々との共同作業であり、確実に地域活性化につながる仕事である。

「おやつ＆スイーツ」ソリューション――株式会社北川製菓

おやつの定番・ドーナツをつくっている株式会社北川製菓の商品は、中央自動車道の各サービスエリアのレジ近くに置いてあることが多い。サービスエリアに車を止めたトラックのドライバーが、レジで買い物の精算をしたついでに、長距離運転での口寂しさを紛らすためにひょいと一つ買い足すことが多いのだという。北川製菓は、「かすてらドーナツ」（普通のドーナツと違い、植物油で揚げるなどさっぱりした風味に仕上げたカステラ生地風のドーナツ）など独自商品の開発や、今では当たり前となったドーナツの個別包装に先進的に取り組んできたパイオニアである。社長の北川浩一さんは、顧客に応える強い意思を経営の基礎に据え、自社と原料メーカーの資源・技術を組み合わせて新しい菓子の創出に取り組んでいる。

北川製菓は、一九五八年、まだまだ日本に甘いものが不足していた戦後の時期に、駒ヶ根市で飴の製造を始めたのが生い立ちである。北川さんの話では、下伊那地区の飯田市に半生和菓子の、松本市に半生洋菓子のメーカーと問屋が歴史的に発達してきたという。駒ヶ根で北川製菓が育ってきた背景にはこうした地理的要因もあったようだ。創業間もなく「澱粉煎餅」と「かすてらドーナツ」の製造を開始、その後ドーナツの他に打ち菓子（粉と砂糖を混ぜて固めた菓子）や焼き菓子、蒸し饅頭などをつくってきた。現在ではドーナツを中心とした半生菓子が中心商品で、全国の問屋を通じてコンビニやスーパー、生協、健康食品販売ルートなどで販売されている。平成に入ってから取引先・仕入先を拡大するなど事業の幅を広げてきた。

ドーナツは、今ではスーパーやコンビニの菓子売場に、多品種ではないにせよ必ず置かれている。カステラ風ドーナツや個別包装も当たり前になっている。しかし北川製菓の物語を聞くと、まさにそれらのパイオニアだったことがわかる。食品のイノベーションは、製品（モノ＝プロダクト）、製造方法（プロセス）、そして包装（パッケージ）の3Pにおいて起きるが、北川さんは自社の歴史に学び、そこから自信を得ながら、新たな3Pイノベーションに挑戦を続けている。北川さんの経営理念は「美味しく安全な『食』の創造で社会に貢献すること」である（図表6―9）。

北川製菓では、顧客の要求に柔軟に応える「おやつ＆スイーツのソリューション（問題解決）」をドメインとして掲げている。今ある商品を超えて、より食のトレンドに合ったおやつやスイーツを求めるニーズに対して、自分たちが持っている経営資源＝シーズと、小麦粉をはじめとする原材料メーカーのシーズとを機動的に組み合わせ、新しい商品開発をしていくというものである。食の「簡便志向」を例にとってみよう。現代の食生活のトレンドは「安全・安心志向」「本物・自然・健康志向」「簡便志向」

図表6—9　北川製菓の「おやつ＆スイーツ」ソリューション

●経営理念
私たちは、美味しく安全な「食」を提供することで社会に貢献する。
常にコミュニケーションを大事にし、迅速的確な業務を遂行し、
地域と会社の発展と全社員の幸せを実現する。

●ドメイン
「おやつ＆スイーツ」のソリューション企業

北川製菓の商品例

信州牧場のあんドーナツ

信州牧場のドーナツ

朝食ソフトケーキ

砂糖かけない朝食ドーナツ

出所：同社ホームページ

にあり、「食」が人間の生存の根幹に関わるものであるかぎり、これらはいわば不変の法則で今後も続くだろう。なかでも簡便志向は、伝統的な食育や食生活の価値観と合っているかどうかは別にして、忙しい現代人の志向としてさらに強まるだろう。それによって食事と菓子類の区別がなくなりつつある。たとえば大手ドーナツチェーンの商品展開を見ていると、おやつというよりほぼ「食事」代わりだし、スーパーに並ぶ食品を見ても、菓子パンの中でも総菜パンや、カロリーブロック、カロリーゼリーなどになるともはや菓子とは言えない。おやつと食事の境界は限りなく曖昧になり、「おやつ的食事」「食事的おやつ」が普通になっている。こうしたトレンドに対応し、北川製菓では原材料メーカーと共同で、「砂糖かけない朝食ドーナツ」「朝食ソフトケーキ」などの〝主食型ドーナツ〟を開発し（商標登録申請）、一〇年ほど前から生協共同購入にも参入し上々の販売実績を上げている（図表6―9）。

　北川製菓は、「おやつ」を軸としながら、顧客の求めるものや食のトレンドに敏感に対応し、独自の成長を遂げてきた。北川さんは、顧客ニーズに応えることを自身の使命と捉え、パイオニア精神を忘れずに、「顧客だけでなく原材料メーカーからも最初に相談を受ける企業」となることを目指している。

オートバイ大好き人間集まれ――駒ヶ根モータース

　伊那谷はその名の通り「谷」であり、天竜川に並行した道路の移動はともかく、二つのアルプスに挟まれたすり鉢状の土地では自転車は不便である。盆地部では、平地向けの乗り物である自転車よりも、維持が大変な自動車よりも、オートバイが適しているのかもしれない。

　駒ヶ根唯一のホンダオートバイ専門店である**駒ヶ根モータース**の曲淵《まがりぶち》光さんは、オートバイ大好き人間である。決して声高にオートバイの利点を喧伝するようなことはしないが、日々の販売活動だけでなくお客さんと共にモータースポーツを楽しむことで、モーターサイクルライフの楽しさを顧客と共有し、それが結果的に宣伝にもなっている。

駒ヶ根モータースは一九六〇年、中古車を東京から仕入れる事業を始めたのが出発点である。その後、ホンダ系の代理店と取引を開始し、現在は駒ヶ根市ではトップメーカーであるホンダの唯一の専門店として存在感を示している。しかしホンダのバイクを取り扱っているということだけではなく、曲淵さんの整備技術と誠実な顧客対応が地元の人々に支持されていることは言うまでもない。販売店と整備工場が併設された店舗は国道に面しており、オートバイの販売・修理のほか、自転車の販売・修理、用品販売を行っており、個人・法人いずれにも顧客を持つ。法人顧客からは整備品質とコストの面で高い評価を受けている。

一九八九年に入社した曲淵さんは二代目で、根っからのオートバイ愛好者であり、整備士資格を持っている。店頭で顧客に対応しつつ、整備工場で修理や整備を行う毎日だ。曲淵さんの仕事ぶりには、オートバイに触るのが好きでたまらないという情熱が溢れている。

オートバイのビジネスは大きく二つに分かれる。まず趣味性の高い大型二輪、そして日常の足となる排気量五〇ｃｃの原動機付自転車（いわゆる原付）である。前者は個人顧客が多く、後者はさらに個人と法人の二つに分かれる。原付の個人顧客は高校生や主婦層、中年・シルバー層が多く、簡単操作や軽量性、個別の安全指導が重要となる。法人顧客の場合は当然、実用性・耐久性・コストパフォーマンスが特に要求される。

図表6―10　駒ヶ根モータースのドメイン

企業ドメイン

伊那谷～南信のモーターサイクルライフの楽しさと快適さを提供する

出所：同社提供資料

オートバイを取り巻く現状は決してバラ色ではない。かつて一世を風靡したスクーター・ブームはもはや過去のものだし、大型分野は趣味性に特化した海外メーカーが主流を占める。しかし、近年では排気量一二五ｃｃ以上のビッグスクーター・ブームや、大型二輪免許保有率の高い団塊世代の需要など、明るい要素もある。いわゆる「二〇〇七年問題」で団塊世代が順次第一線から引退し、「トキ持ち・カネ持ち族」としてオートバイ市場に出てくることが期待されている。実際その兆しは散見され、高速道路のサービスエリアで中高年ライダーのツーリング・グループに出会うことも多くなった。

曲淵さんは、オートバイの販売の基本は「自分が楽しいこと」だと考えている。もちろん製品の実用性は重要なポイントだが、ライフスタイルと密着した乗り物であるオートバイは、売り手が楽しんでいなければ買い手も楽しめない、そんな商品だからである。曲淵さんの経営の基本理念は、「顧客の立場で考え、確実丁寧なサービスを提供すること」「顧客と共に楽しむこと」である（図表6―10）。

製品を売るだけでなく、顧客にモーターサイクルライフの楽しさを伝えるため、曲淵さんはツーリングなどのイベントも企画・実践している。仲間同士、自慢のバイクを見せ合いながらのツーリングは格別であり、その楽しさがさらに仲間を増やしていく。また、五〇ccクラスのユーザー向けには、自ら高齢者対象のさまざまなイベントに参加して安全指導を行うなどのアフターサービス提供を行っている。

曲淵さんは、オートバイへの情熱と優れた整備技術、そして誠実な顧客対応で、地域の人々の足の利便性とモーターサイクルライフの充実に貢献している。

第7章　地域社会との共存共鳴

地域社会の生活環境を快適にすることは、地元サービス業の大きな使命である。企業はこの使命を実現していく中で地域に育てられ、地域は企業のさまざまな資源によってより住みやすい土地になる。するとヒト、モノ、知恵と情報がいっそう集まるようになり、地域はさらに活気づくだろう。つまり地域社会と企業とは、決して利用し利用される利己的な関係ではなく、相互に支え合う共存共鳴の関係にある。

本章では、このような「地域社会との共存共鳴」を経営の軸に据えて活動している一二の企業を紹介する。

駒ヶ根市はかつて「全都市住みよさランキング」のトップになったまちであり、最近の調査でも全国七八〇都市中の二四位にランクインしている（二〇〇六年、東洋経済新報社データ）。「住みやすいまち」をつくるには、手厚い行政の力と、何よりも地域に根ざした企業、特にサービス業の力が重要となる。各種小売業や飲食業、事業所向けサービス業など地元のサービス業は、地域に依存するのではなく、「地域に育てられ、地域を活性化する」ことを旨とすべきである。何ものにも頼れない時代、共存共鳴の関係こそ最大の生存戦略となるのだ。また、地元の人々が暮らしやすいまちには、外部からヒト、モノ、知恵と情報が集まる。それによってサービスのレベルが上がり、地元住民に還元され、まちがさらに活性化する、という良い循環が生まれる。つまりサービス業は地域の「顔」であり、活力の源なのである。

ところで「テクノネット駒ヶ根」には、他県・他地域から駒ヶ根地区に進出した企業の工場や支店の人々も加入している。本拠地から離れた土地で皆さまざまな困難を抱えながらも、地域参加の一環として「テクノネット駒ヶ根」の趣旨に賛同してくれている。地元企業にとっても彼らの経験や視野は良い刺激となっている。これらの企業は、本社は他地域でも「駒ヶ根の会社」として地域社会と共鳴しているといえる。

グローバルな活動を行っているメーカーであっても、企業活動を円滑に行うには地域との共存共鳴が不可欠である。駒ヶ根ではグローバリゼーションをめぐる議論が活発化する以前からこの認識が共有され、「テクノネット駒ヶ根」を一つの核に実践されてきたといえる。その背景には、伊那谷から諏訪地区にかけての地域では古くから精密機械工業が盛んで、「進出企業」の歴史も古いという事情がある。

本章では、「地域との共存共鳴」を軸に据えて活動している一二の地元企業（地域に根づいた進出企業も含む）の具体的な活動を紹介し、企業と地域社会の相互関係について考察してみたい。

地域の食を支える――株式会社マルトシ

地域の人々の生活を豊かなものにするためには、まず何よりも衣食住の快適さを高める企業や店のサービスが不可欠である。その中でも「食」は最も重要な要素であろう。地場生鮮食品スーパーの株式会社マルトシは、「地域のキッチン」「駒ヶ根の冷蔵庫」として、人々の豊かで健康な食生活を支援している。社長の小林寿之さんは、営業時間を地域のライフスタイルに合わせるなど、常に新しい提案を行っている。

駒ヶ根のメイン商店街は、JR飯田線駒ヶ根駅に近接していることもあり、地方小都市に多い「シャッター通り」の状況には陥っていないものの、かつての活気は衰え、駅前ビルに入っていた大手スーパーも一九九六年に撤退してしまった。

マルトシの店舗はこのメイン商店街のアーケードに面した場所にあった。一九一九年に初代が鮮魚店を始めたのが創業で、一九五七年、地元でいち早く対面販売でないセルフサービス方式を採り入れ、一般消費者向けと業務用（食堂・ホテル・料飲店向け）の二本立てで経営してきた。七〇年前後には隣の伊那市まで店舗を拡大したが、競争の激化もあり八〇年代中頃までに撤退した。その後改めて店舗を増やしたのは、ちょうど小林さんが「企業ドメイン研究会」に参加した頃だった。大手スーパーが撤退した駅前ビルを、駅前商店街の再活性化を目指して九九年に市が修復し、駐車場も拡充してテナントを募集した際、キーテナントして出店したのである。

当時はバブル崩壊にともない個人消費が不振を極め、大手スーパーチェーンが経営不振から不採算店のリストラを進めていた時期であった。進出大手スーパーは、流通革新や利便性の点で貢献した面はあるものの、地元小売業を廃業に追い込んだ上、採算が取れなくなると撤退するという姿勢で、結果的には地域にとって不利益を与えた面が大きかった。小林さんは、「地元企業として地域に貢献する。決して逃げ出さない」、「最新の仕組み（フォーマット）を使って、地域一番の食材を提供し続けたい」とい

図表7—1　「駒ヶ根の冷蔵庫」マルトシの社是

いのちを活かす
一、自らが持つ無限の可能性を発揮しよう
一、周りに感謝し大自然のいのちを活かそう
正しい商売で
一、地域で一番信頼される店をつくろう
一、適正な利益を生み出す構成で革新的な企業にしよう

出所：同社提供資料

う強い思いを持って、決して好条件とは言えない二店舗目にチャレンジしたのである。

マルトシでは社長を筆頭に、社員一同が自らの可能性を最大限に発揮することを理念とし、社是に「大自然のいのちを活かす正しい商売」を掲げ、サービスの向上に努めている（図表7—1）。開店は朝七時、閉店時間は以前の夜一〇時から一二時までに延長した。二四時間営業に挑戦したこともあったが、人員・コスト面での負担があまりに大きく、商売が続けられなくなっては意味がないので中止した。また、創業時の業態から想像できる通り、鮮魚と寿司へのこだわりがマルトシの強みである。魚は機動性を生かして東京の築地から仕入れており、大手チェーンと比べて鮮度の高いものを揃え

ている。最高の仕入先から最新の仕組みで食材を調達し、地域の食文化を支える、それがマルトシのドメインである。

駒ヶ根のスーパーを支えるのは、パートで働く地元の主婦たちである。信州では「山を一つ越えたら、年越し魚がサケからブリに変わる」といわれるほど地域性が強い。したがってスーパーと言っても画一的な品揃えではだめで、地域の嗜好と時節に合った商品をタイミングよく提供していかないと生き残れない。台所を仕切る主婦たちはそのタイミングを最もよく知っているのである。顧客でもある彼女たちの知恵によって、その時々の旬の商品、どの家庭でも必ず用意する食材を揃え、顧客の厳しい要求に応えることができるのだ。

鮮魚店という生い立ちを最大限に生かしつつ、最新の仕組みと機動性で地元の顧客に新鮮な地場食材を提供する。このように地域社会との共存を常に志しているマルトシは、駒ヶ根のまちと共鳴した最強のスーパーに飛躍していくだろう。

顧客第一主義の住宅相談所——株式会社小林工業所

市内の住宅着工件数トップクラスの株式会社小林工業所は、地域に合ったきめ細かい仕事で支持を得ている工務店である。住宅事業のリーダーで副社長の小林啓一さんと社員が一体となり、「住宅の相談ならまずは小林工業所」と言われる企業を目指している。

小林工業所の起源は、駒ヶ根生まれの小林寿賀夫さんが大工の修業を始めた一九〇七年にさかのぼる。その後寿賀夫さんが一九一八年に親方の跡を継ぎ建築請負業を始めた。以来地元有数の老舗工務店として、住宅のほか道路整備、土木、病院・保育園・店舗などの建設を担ってきた。二代目は寿賀夫さんのご子息清志さんが嗣がれ、地元で戦後初めて鉄筋コンクリート造（ＲＣ）の建物を手がけたり、寺社や学校、病院の放射線室の施工を請け負うなどパイオニア的な活躍を続けてきた。現在は行政の公共事業抑制方針もあって、住宅事業をメインに育てているところで、その主導者が「企業ドメイン研究会」にも参加された副社長の啓一さん（清志さんのご子息）である。啓一さんは大学で建築を学んだ後、住宅設計に強い設計事務所での修業を経て小林工業所に入社した。

小林工業所を訪問すると、社屋は実用的でシンプル、社長室がなく社長は社員と同じ部屋で仕事しており、これまで手がけた設計図面がきちんと整理保存されているのが印象的だった。質実、実直な会社の姿勢が垣間見られる。

顧客の立場からすれば、家は一生に一度の大きな買い物であり、さまざまな希望もあれば悩みも不安も尽きないものである。この点をきちんと理解し、疑問に丁寧に答え、プロフェッショナルとして解決方法を示してくれることこそ、顧客の求める工務店の姿であろう。また、施主は自分の家が出来上がってゆくのを見たくて何度も現場を訪れる。その際に職人さんがマナー良く接してくれたり、丁寧に作業しているのを見れば、家を建てる喜びは一層増すだろう。啓一さんはこのような細かいところにも配慮し、自社のみならず協力会社にも応対のマナー等を徹底するよう要請している。

小林工業所の経営理念は「誠実・信頼・信用」である。これを空疎なお題目にせず、生き生きしたドメインにしているのは、会社を挙げて自分たちの言葉で語り、使い込んでいるからである（図表７―２）。「企業ドメイン研究会」では、経営理念やドメインの再検討にあたって啓一さんと共に歴史の棚卸をし

図表7―2　小林工業所の経営理念

AN IDEA 理念の意味

「誠実」とは

お客様に信用して頂くためには
まず人は誠実でなければならない。
これが正義であり、どんな時代、
どんな状況においてもこの考えを基礎とする。

「信頼」とは

誠実を基礎としながら
地域の皆様に頼られる存在でなければならない。
「あの人に任せておけば安心だ」
「あの人に頼めばきっとなんとかしてくれる」
そんな存在になるために日頃から
技術研鑽・情報収集に励み、建築土木という
分野で頼られる存在となる。

「信用」とは

信頼の積み重ねにより、
お仕事を継続的にいただけることであり、
企業の安定に必要不可欠なものである。

誠実・信頼・信用とは

地元の皆様が幸せになっていただくために、
今、自分がどのような行動をとるべきなのかを
常に考えて実行することである。

理念に基づいた方針

1. お客様第一主義を貫く。
2. 現場の環境を整備する。
3. 常に技術研鑽に励む。

出所：同社会社案内

た。さまざまな資料を見せてもらったが、八〇余年の歴史がきちんと整理されていて、そこから「いま何をすべきか」を非常に明確に抽出することができた。前にも述べた通り、良い会社に共通するのは、このように自社の歴史をきちんと整理していることである。小林工業所の場合、これまで手がけた物件の申請書類や設計図などの資料が整然とデータベース化されている。これがあれば新入社員にも一目で会社の実績がわかり、入社と同時に自社に愛着を持ち、顧客第一主義で仕事に臨むことができるだろう。

「誠実・信頼・信用」を軸に、顧客の立場に立って考え、地域のファーストチョイス企業でありつづける、それが小林工業所のドメインであり、目標である。

地元のコミュニティ・スペース――駒ヶ根グリーンホテル

出張ビジネスパーソンや観光客向けの宿泊施設としてだけでなく、地元のコミュニティ・スペースとして地域に根づいているのが、市内最大のビジネスホテル、駒ヶ根グリーンホテルである。

筆者の一人塩谷が初めて駒ヶ根を訪れたのは、一九九五年一〇月、商工会議所主催の経営者向けセミナー「駒ヶ根市経営講座」の講師に招かれた時だった。その際、昼食は後述する割烹いわたやで駒ヶ根名物ソースかつ丼に舌鼓を打ち、講演後の宿泊がこの駒ヶ根グリーンホテルだった。駅前商店街から少し奥に入ると、緑の木立に囲まれた玄関が出迎えてくれる。背後には中央アルプスの雄大な山並みがそびえ、街中から一歩入った静けさも嬉しい（図表7―3）。駅から至近で、高速バスの停留所も近く、交通利便性はパーフェクトである。

同ホテルは、一九六一年に現市長の中原正純さんが「緑旅館」という名で開業したのが始まりである。

図表7—3　駒ヶ根グリーンホテルの外観

街中にありながら雄大な中央アルプスと調和している。

出所：同社提供資料

若い頃から政治活動を志していた中原さんが市議会議員に当選した後は、奥様の道江さんが主として経営を担ってこられた。一九七五年に株主一五人の出資を仰ぎ、株式会社として新発足した。

駒ヶ根市は県外からの工場誘致が盛んなのでビジネス客が多く、駅に近い宿泊施設は人気がある。今では市内にホテルが増えたため競争は激化しているが、駒ヶ根グリーンホテルの立地の良さはまだまだ強みである。また、駒ヶ根高原や駒ヶ岳などの観光シーズン（新緑の五月、中央アルプス千畳敷に高山植物が咲き乱れる七～八月、そして紅葉がすばらしい一〇月など）には観光客が気軽に泊まれる宿として人気を集める。同ホテルは交通利便性以外にも料理に強みがあり、特に、丁寧につくられた朝食は評判が高い。

そして駒ヶ根グリーンホテルの場合、宿泊施設としてだけでなく、地元の人々のコミュニティ・スペースとして地域社会に重要な役割を果たしている。地元企業の会合や住民の法事など、種々の会合の会場としてスペースを提供してきたのである。たしかにバブル崩壊後は、生活者や企業の価値観が変わり、会合や宴会の減少・小規模化が起きた。しかし同ホテルではこの構造変化に対応すべく、中原社長はじめ経営陣と、「企業ドメイン研究会」に参加された支配人の飯島秀樹さんら社員が一丸となって努力を続けている。

まちには「人が集まる場所」が必要である。駒ヶ根グリーンホテルは、大手チェーンホテルの画一的なサービスとはひと味違う「家庭的なサービス」を企業理念としている。今後も宿泊客だけでなく、駒ヶ根のコミュニティ・スペースとして、地元の人々へのサービスのレベルをも上げていくだろう。

駒ヶ根の食文化向上を目指して――割烹いわたや（合資会社岩田屋）

老舗料理屋「割烹いわたや」（合資会社岩田屋）は、「真心でおもてなし」の理念で二〇〇余年の歴史を持つ老舗割烹だが、「モダン和食」をコンセプトに、いまや駒ヶ根名物として名を馳せているソースかつ丼のほか、伊那谷名物馬肉料理など多彩な料理で地元の人々や観光客の舌を楽しませている。駒ヶ根市を初めて訪れた出張ビジネスパーソンの最初の昼食はソースかつ丼である。ちなみにソースかつ丼とは、卵とだし汁でカツをとじるいわゆるカツ丼とは違い、ご飯の上に山盛りの千切りキャベツを敷き、その上に豚のカツを載せて特製ソースをかけたもので、駒ヶ根市が元祖である。

「企業ドメイン研究会」に参加された代表社員の池上博康さんは、ソースかつ丼の振興を目的とした「駒ヶ根ソースかつ丼会」の副会長として、本業とともに地域の活性化に取り組んでいる（図表7―4）。会の活動も一〇年を超え、最近ではソースかつ丼目当ての観光客も増えた。

池上さんは大学を出た後、大手ホテルの営業部門に就職し、イベントを企画して法人や代理店に提案する仕事に携わっていたが、父親の急逝で帰郷し、いわたやに入った。池上さんは、自身が関わっている「ソースかつ丼会」や青年会議所の活動を通じて、地域が活性化しさまざまな催しが増えることが家業の活性化にもつながるという認識で頑張っている。

バブル崩壊後、宴会や冠婚葬祭、団体行事などが小規模化・激減し、駒ヶ根でもこの構造変化に対応しきれなかった割烹・料理店がいくつも廃業に追い込まれた。しかしいわたやでは、二〇〇余年地域に愛されてきた伝統の力を存分に生かし、池上さんの若い感性とサービス精神旺盛な人柄も手伝って、地元名代の店として確固たる存在感を示している。また、一五〇名収容の洋室をはじめとする広いスペースと、和食から洋食まで各種対応可能な会席料理の技を生かし、地元で行事や宴会、法要などがあれば「会場はいわたやで」というほど定番の場所となっている。

ところで、サービス業の究極のモデルはホテルであり、飲食業でも高級ホテルのサービスレベルを目標に設定する場合が多い。いわたやの味のコンセプトは「モダン和食」だが、池上さんはホテルでの勤務経験を生かし、サービスのコンセプトを「宿泊だけが無いホテル」とした。つまり食事だけでなく、各種イベントを催すなど接客サービスの面でもレベルアップを目指したのである。これがいわばいわたやのドメインである。

図表7―4　「駒ヶ根ソースかつ丼会」の活動

自分に受験にこれでカツ

駒ケ根ソースかつ丼会

応援店が割り引き

駒ケ根ソースかつ丼会（下平勇会長、四十二店加盟）は三月十二日まで、「頑張れ受験生！『受験にかつ！』キャンペーン」を初めて実施している。加盟店のうち十五店が「応援店」として参加し、受験生が食べるソースかつ丼を割り引きしている。（今牧文孝）

ソースかつ丼で受験生を応援する池上副会長

応援店でソースかつ丼を注文する際、伊南地区全域新聞折り込みのチラシに掲載した割引き券と身分証（生徒手帳、学生証、定期券など）を提示した受験生を三百円引きする。

「ソースかつ丼で自分に喝！そして、受験に勝つ！」と利用をPR。豚肉に含まれるビタミンB1が疲労回復を早め、ストレスを緩和する作用があり、キャベツは免疫力を高め、風邪を予防する成分が多く、ご飯はエネルギーの源と、ソースかつ丼の受験生への〝効能〟をアピールしている。

同会の池上博康副会長は「お客さんにインパクトのあるキャンペーンを、と、破格の三百円引きにした。反響をみて、今後のイベントも考えていきたい」と話している。

キャンペーンについての問い合わせは駒ケ根商工会議所内の同会事務局（電話0265・82・4168）へ。

応援店は次の通り。

アンデルセン、いわたや、花洛、きよし、きらく、こまつ家、昭和園、信南レストラン、水車、精養軒、鳥三食堂、福龍、明治亭、めんとい駒ケ根店、ヤマダ食堂

出所：『長野日報』2006年2月28日

また池上さんは、「駒ヶ根の人は食通だ」と言われること、つまり駒ヶ根の食文化を向上させることを一つの目標にしている。そのために具体的には、「地域と日本全国の美味しいものを再発見する」ことを心がけている。

今は飲食業に限らず、サービス業全般にとって厳しい時代ではある。しかし、「真心でおもてなし」「宿泊だけが無いホテル」をモットーに、地域から愛され地域の食文化を支える店を目指し、池上さんといわたやは立ち止まることなく進んでいる。

生活なんでも相談企業――有限会社田中燃料店

「オール電化」が普及し始めたとはいえまだまだ少数であり、ガスは私たちの生活に不可欠のインフラである。**有限会社田中燃料店**は、燃料関連分野の主力企業として、地域の人々の生活を支えている。最近は燃料（プロパンガス＝ＬＰＧ）だけでなく、小規模の住宅設備修理など家庭のさまざまな相談にも応じ、いわば「総合生活産業」への転換を進めている。

社長の田中昇さんは飄々とした雰囲気で穏やかな人柄だが、絶えず地域の変化に目を配り、時代に即応した事業のあり方を追求している。昭和初期に木炭・薪の販売を始めたのが会社の生い立ちで、その後のエネルギー革命にともない灯油と周辺機器の販売へ移行し、一九五〇年代半ばからはＬＰＧと周辺機器の販売へ、七〇年代初頭以降はガソリンスタンド経営へと展開してきた。現在の主力事業はＬＰＧと周辺機器および住宅設備工事である。ＬＰＧ事業者には、言うまでもなく安全確保と安定供給への厳密な姿勢が要求される。当たり前の話だが事故やガス欠などを起こせば致命的であり、田中燃料店は創業以来、この点で地元住民から高い信頼を得てきた。

　最近は電力・ガスなどのエネルギー分野の規制緩和が進み、オール電化システムや都市ガスの拡大など、ＬＰＧ業界を取り巻く環境は厳しい。業界再編にともない、都市部では熾烈な顧客の取り合いも起きている。駒ヶ根地区では今のところ、都市ガスの影響によるＬＰＧの激しい価格競争は起きていないが、新築住宅に対する電力会社のオール電化攻勢は勢いを増してきており、予断を許さない状況だ。

　一方で新たなチャンスもある。核家族化・高齢化が進むにつれ、一人暮らしのお年寄りや高齢者世帯にとっては、日常的に発生する住宅設備のちょっとした不具合などが大きな悩みとなっている。かつての大家族時代には家庭内や近所ですぐに解決できた修繕修理が、お年寄りだけの家では思うようにいかないのである。田中さんはそうした悩みにきめ細かいサービスで対応し、コミュニケーションを密にして顧客との絆をより深めることに努めている。これこそ、地域企業の最大の生存戦略である。田中さんはこうした生き残り策を整理し、自社のドメインを「生活なんでも相談企業」と定めた（図表7―5）。

　ＬＰＧ販売というと、重いボンベを運ぶ「モノ」の事業と思われがちだが、田中さんの仕事を見ると、安全確保への配慮やさまざまな生活サービスなど、現代の地域ではむしろサービス業としての意識と行動が求められていることがわかる。第一の創業（木炭・薪）から第二の創業（ＬＰＧ）を経て、いま田中さんは地域の顧客との厚い信頼関係をもとに、第三の創業（ＬＰＧ他燃料を中心とした生活なんでも相談企業）を目指して歩を進めている。

図表 7 — 5　田中燃料店の企業理念とドメイン

企業理念

1）私達はお客様の立場に立ったサービス業です。
- サービス業としての自覚を持ちます。
- サービス業に徹し、新しいサービスを開発開拓します。

2）コミュニケーションを大切に考える企業です。
- お客様とのコミュニケーションを大切にし、常に接点を持つよう努めます。
- 社内での対話促進をはかります。

3）小さなことでも気づいたことは行動します。
- 気づいた時点で行動し、常に一歩先を考えて行動するよう努めます。
- 会話も行動の一つと考え、情報収集・社内外の対話・報告を心がけます。

ドメイン

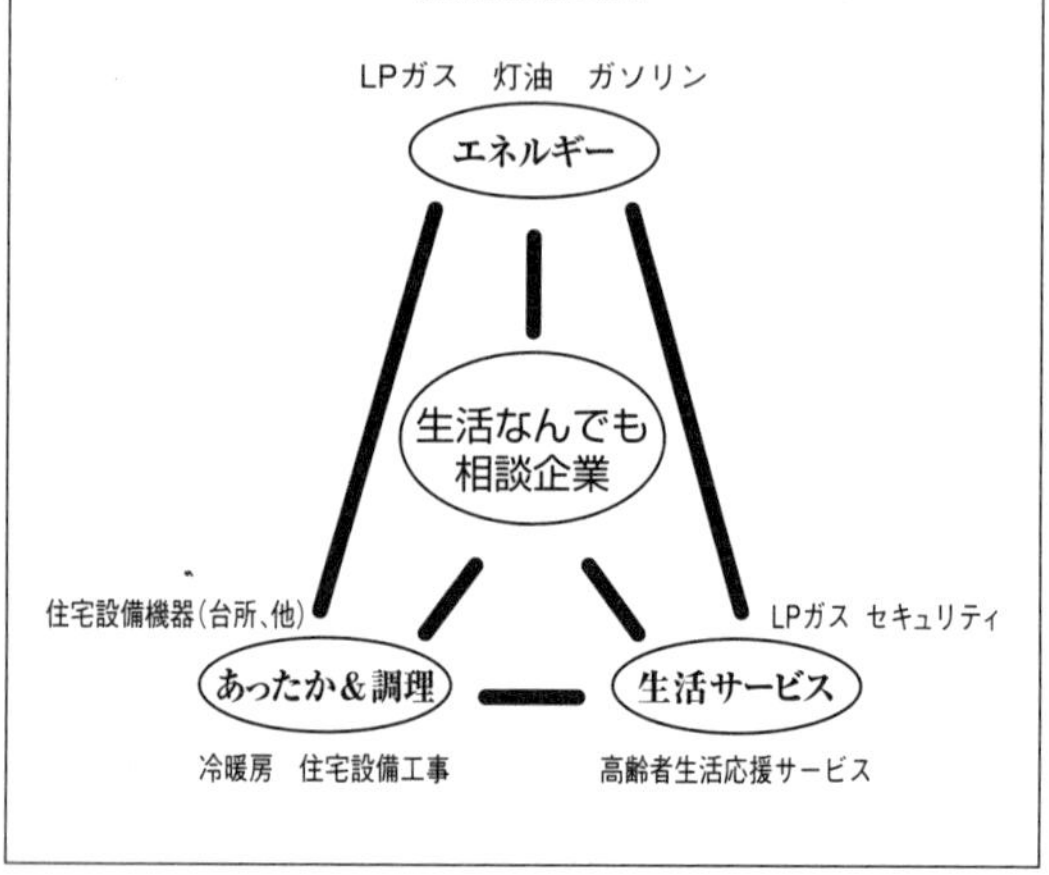

出所：同社会社案内

「地域に文化を」を原点に——株式会社玉屋

駅前商店街のほぼ真ん中に店舗を構える株式会社玉屋は、「地域の文化を支援する」を創業の理念とする書店である（図表7―6）。書店業だけでなくピアノや英会話のスクールも経営している。かつては抜群の立地で繁盛したが、現在は本離れや少子化、中心市街地そのものの衰退にともない、来店者数の減少に悩んでいる。そこで最近では、長年培った顧客基盤をもとに新しいサービス形態への挑戦を始めている。

玉屋は戦後間もなく、復員してきた森明さん（故人）が創業した会社である。屋号は創業時に運動具のボール（玉）を取り扱っていたことに因む。その後市内の有志が「駒ヶ根に文化を！」という理念のもとに共同出資して株式会社となり、現在に至っている。取扱商品は新刊書・雑誌のほか理科用品、保健用品、ピアノなどで、小売業の他に音楽教室、英会話教室も経営している。書籍販売の営業地域は駒ヶ根市のみならず周辺町村にまで及び、創業以来長年にわたって地域の公共図書館、小・中・高・大学の図書館、多くの企業を顧客としており、店売に比べ外販の比率が高い。

商店街の衰退、本離れ、大型チェーン店やコンビニの進出など、書店を取り巻く環境は極めて厳しい。長びく出版不況で出版社は新刊本の配本数を減らしており、地方小都市の中小新刊書店は売れ筋商品を十分入手することさえできない。少子化で教室事業もジリ貧であることは否めない。しかし、玉屋は目に見えない資産をたくさん持っている。まず創業時の出資者たちの文化事業への熱意が、いわばＤＮＡとして次世代に伝わっている。また、絶対数が減ったとはいえ、学校の教科書を買わない子どもはほと

図表７―６　地域の文化を支える玉屋

出所：同社提供資料

んどいないだろう。教科書は地元の需要を熟知している書店でなければ扱いづらい商品なので、コンビニなどには手の出せない分野である。さらに、ピアノや英語などお稽古ごとの需要は一般的に見てもまだまだ高い。総合的に見て、地域住民にとって玉屋は文化スペースとして欠かせない存在であり続けている。こうした創業以来の顧客基盤という価値は、大手チェーンの書店には一朝一夕に獲得できるものではない。

たとえ顧客が店に来なくなっても、彼らは確実に地域に住んでいるのだから、自ら顧客に近づけばよい。玉屋は、これまで培ったブランド力と信用、顧客基盤を生かして、この〝接近戦術〟を開始した。現社長の森隆さんとその弟で部長の広志さんが、「顧客に近づくビジネスモデル」を作成しつつある。まずターゲットとしたのは顧客基盤の中でも地元企業である。経営者には玉屋のファンが多いので、自ら出向いてマネジメントの良書を提案したり、従業員向けには書店に出向かなくても職場で気軽に本を注文できるシステムを考案中である。また、書籍というハードに教育・研修といったソフトを組み合わせた新たな教育商品モデルも構想中である。もちろん、このように実地に顧客に近づくだけでなく、インターネットを使ったマーケティングの試みも開始している。

玉屋は、創業の理念「地域に文化を」を変わらぬ原点と定めた上で、新たなビジネスモデルを創出しようとしている。「玉屋さんがあるから、駒ヶ根の人は知識も豊富でコミュニケーション力が高く、教養がある」と言われるような文化の拠点となることが最大の目標である。

地域のカーライフを総合サポート――松井自動車工業株式会社

マツダ、スズキのディーラーとして地域に定着している**松井自動車工業株式会社**は、創業以来堅実経営を誇り、「地域のカーライフを総合的にサポートする」をドメインに、各種サービスを提供している。購入から整備・メンテナンス、保険まで、「車のことなら何でも松井に相談すればOK」というトータルサービスが売りである。

松井自動車は鍛冶鉄工業に生い立ちを持ち、創業七〇年を超える歴史ある企業である。戦時中の一九四〇年頃から、首都圏で中古車を仕入れ、整備改造して駒ヶ根地域に販売し始めた。五五年頃から始まったモータリゼーションの波をつかみ、八〇年代末までの三〇年間は右肩上がりの成長を続けた。その間整備・中古車販売部門も順次増設し、車の総合サービス業としての業態を整えた（図表7―7）。

図表7—7　松井自動車工業の事業展開

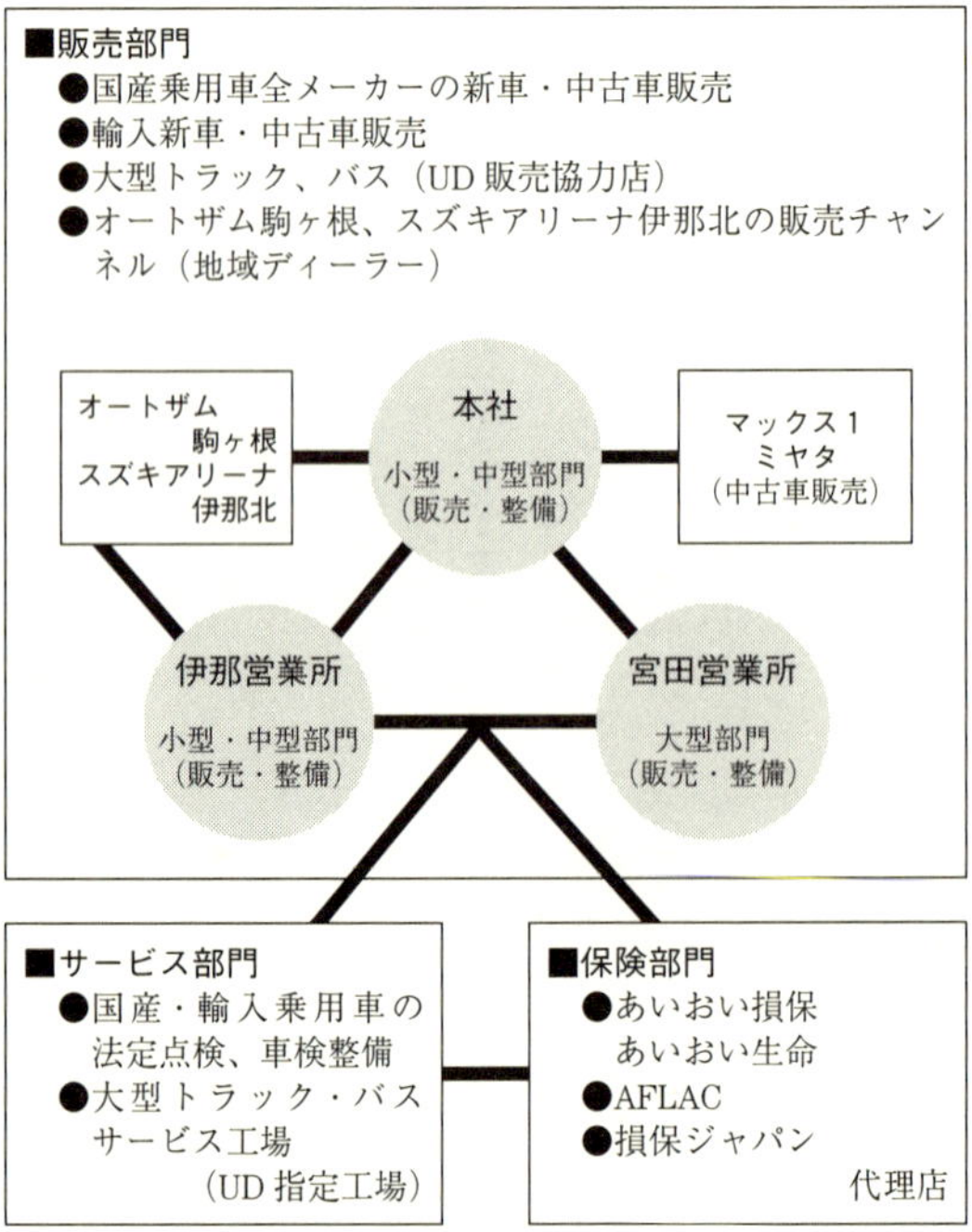

出所：同社ホームページ

現在はマツダ、スズキ、日産の三社の車を販売の柱としている。マツダとスズキのディーラーとしては地域の老舗であり、長年にわたり培ってきた顧客との絆は強い。会長の松井要さんの強力なリーダーシップもあって、一度も経営危機に陥ったことがない優良企業である。今後は松井会長の跡を継いで、経営者と社員が一体になって知恵出しをし、顧客志向の自動車総合サービス業として飛躍していかなければならない時期である。その一環としてＩＳＯ９００１を取得し、サービスのレベルアップのシステム作りも進めている。

駒ヶ根では車は必需品であり、自動車台数は全成人数に等しいと言っても過言ではない。しかし一台買って終わりというのでは会社は成長しない。一人ひとりの顧客およびその家庭で継続して購入してもらうには、当然信頼とサービスのレベルが重要になってくる。車選びのお手伝いから整備、納車、保険、アフターケアまで、車をめぐる全プロセスを顧客に最適の状態で遂行し、納車後も顧客のカーライフを常に見守る姿勢でいなければならない。同社では「お客様に満足を」「一人ひとりを大切にする経営」「人には常に礼儀を持って接する」「現状を良しとせず常に改善する姿勢を持つ」を経営理念（基本方針）として掲げ、革新に挑んでいる。

「企業ドメイン研究会」には、会長のご子息で取締役総務部長の松井秀之さんがまず参加され、続いて整備工場長の西沢基明さん、営業の熊崎繁さんと高木信康さん、検査の清水高志さんが加わった。経営陣がいくら会社を変えようと躍起になっても、社員の意識が変わらないかぎり変革は難しい。秀之さんは、サービスレベルをアップさせるためには社内のコミュニケーション、特に営業と整備の連絡の緊密化が重要だと考えている。

自動車業界に限らず、営業部門と整備＝技術部門の壁というのはどの業種にも存在する。「企業ドメイン研究会」で秀之さんと共にドメインを検討した過程でこの課題が浮上し、営業・整備各部門から一人ずつ会に参加してもらい、その後数年にわたって毎年課題提出と意識の共有化を行った。営業パーソンは整備の仕事を理解していないと自信を持って販促活動ができない。その上、納期を気にかけるあまりスケジュールのサバ読み（前倒し）をしたりすることが多いという。そこに無駄とムラが生じ、結果的にサービスレベルが下がり、収益性も下がってしまう。こうした非効率を改善するため、両者の意思疎通の促進をはかったのである。

一般的にみて成熟した市場では、経営者のみならず社員一人ひとりが顧客の動向に敏感に対応し、部門間の壁を乗り越え、会社を挙げて問題解決に当たらねば生き残りは難しい。松井自動車工業は、経営者と社員が一体となってドメインを共有し、企業革新を進めている。

地元のカーステーション――駒ヶ根自動車産業株式会社、伊南自動車工業株式会社

駒ヶ根自動車産業株式会社と伊南自動車工業株式会社は、第5章で紹介した上伊那貨物自動車のグループ企業で、地域密着型のカーステーションである。

駒ヶ根自動車産業は一九五九年、モータリゼーションの波にいち早く呼応し創業した。ガソリンスタンド（サービスステーション＝SS）と中古車販売、セルフ洗車場、コインランドリーなどを展開している。早い時期から給油以外の各種サービスを担う「トータル・カーケア事業」を標榜し、地元での存在感は大きい（図表7―8）。社長の加藤和美さんを筆頭にいずれも車大好き人間の集団で、顧客のカーライフを応援することが至上の喜びという人たちばかりである。車好きのスタッフたちによる丁寧な洗車や修理サービスは評判が高い。

「企業ドメイン研究会」には専務の加藤道生さん（社長のご子息）と店長の小松俊夫さんが参加された。同社経営陣は、幅広いSS事業展開のためには経営者だけでなく社員にも意識を共有してもらいたいと考えている。これは上伊那貨物自動車グループ全体に共通する姿勢である。

現場主義が経営陣のモットーで、社長自ら給油作業をすることもあるという。こうした姿勢に多くのファンが集まり、社長目当ての顧客も多数存在する。経営陣は現場主義と豊かな感性に基づくスピー

図表7—8　駒ヶ根自動車産業のトータル・カーケア

トータル・カーケアの内容を紹介した顧客向けチラシ。車に関するさまざまな要望に応えられるよう、バリエーション豊かなサービスを提供している。

出所：同社提供資料

ディな意思決定を心がけており、周辺サービスへの参入、バイパスなど新しい道路の開通による立地環境変化への対応、石油行政の規制緩和を睨んでのＳＳの新設・撤退など、常に臨機応変に状況を切り開いてきた。

加藤専務や小松店長のお話を聞いて、この現場主義判断の優れた点にいくつか気づいた。その一つは「洗車はきれいな車のオーナーに薦めるべし」ということである。普通は逆のような気がするが、実際には汚れた車に乗っている人は汚れを気にしないわけだから、洗車のターゲットにはならないという。聞いてみれば当たり前の話だが、なるほどこれはプロでないと気づかないことだと感心した。マーケティングの世界では、「靴を売るなら裸足で暮らす人々こそ無限の市場だ」という極めて楽観的な予測が通用した時代もあった。しかし実際は、靴を必要としていない人に靴を売るということは至難の業である。

もう一つは、セルフ洗車場の設置場所についてである。石油元売り会社や設備メーカーからは、「給油のついでに洗車もしようか」という気にさせるため、ＳＳに隣接して洗車場を設置した方がよいというアドバイスを受けた。しかし、経営陣の現場主義は逆の判断をした。実際には、顧客が給油と洗車を同時にやることは少ないらしい。また、「給油しないのにSSに入って洗車だけするというのは何となくやりづらい」という顧客心理もあるという。別々にした方がいずれにも気軽に入れるというので、洗車場をＳＳの道を挟んで向かい側に設置したのである。この判断は大成功で、洗車場は同社を支える大きな柱に成長した。

専務らが「企業ドメイン研究会」に参加した後に始めた中古車販売も、現在では同社のトータル・

カーケア事業の柱となっている。在庫を持たないフレキシブルな営業形態と、中古車を新車さながらに仕上げるコーティング技術により、ＱＣＤ面で顧客から高い評価を得ている。

同社ではまた、「カーライフで感じる面倒臭さやストレスを極力無くすこと」をドメインの一つとしている。たとえば初心者ドライバーにとって、ＳＳでの給油は思いのほか緊張するものだが、同社では若葉マークを確認したらスタッフ一同でケアアし、余計なストレスを与えないよう配慮している。「トータル・カーケアのサービス業として、ユーザーの目線で、一流の、一歩進んだサービスを自ら考え、提供します。顧客と共に喜ぶことを大切にします」。これを行動指針に、駒ヶ根自動車産業のスタッフは今日も全力でサービスに臨んでいる。

つづいて**伊南自動車工業**を紹介しよう。同社は上伊那貨物自動車の有するトラックの自家整備工場として一九五九年に開業した。六一年に株式会社として独立後、しばらくは上伊那貨物自動車のトラックの整備が主体だったが、徐々にグループ外へも顧客を拡大した。八〇年代に入って指定自動車整備工場（民間車検場）の認定を受け、取扱車種を増やし、現在ではトラックから乗用車、軽自動車、建設用車輌に至るまで幅広い車種の整備を行っている。「企業ドメイン研究会」には、整備工場から下平良男さんと五十嵐敬一さん、社長の小池長さん（小池さんは上伊那貨物自動車の社長でもある）が参加された。

ひとくくりに車と言っても、車種によってたとえばトラックでは耐久性が、乗用車では美しい仕上がりが求められるなど、顧客ニーズは大きく異なってくる。同社では車種、顧客のニーズに合わせて多様なサービスを展開している。また、車検は規制緩和を受けて様々な新サービスが登場し、「早い・安い・簡便」を売り物にしたカーコンビニ的車検フランチャイズもいくつか登場している。伊南自動車工

図表7―9　伊南自動車工業の車検サービス

出所：同社提供資料

業もその一つであるホリデー車検にフランチャイズ加盟し、顧客の車検ニーズに対応している（図表7―9）。

一般的に、グループ内に限定した事業だとコスト負担が厳しく、結果的にグループの足を引っ張ってしまう恐れもある。また、世の中のニーズに合わせて技術やサービスがどんどん変化していく現代においては、独立専業の形態でないと投資の意思決定が遅れがちになり、競争力を失ってしまう。伊南自動車工業ではこの点を認識し、前述の駒ヶ根自動車産業とも連携しながら、外部の仕事を創造して自らが強くなることで、結果としてグループ全体を強化することを目指している。

伊南自動車工業は、新規開拓をめぐってさまざまな苦労を経験しつつも、顧客と車種を拡大し、ニーズに合わせたサービス提供、整備技術とサービスレベルの向上に向けて努力を積み重ねている。

中小企業を総合的にサポート
――堀内睦税理士・司法書士事務所

中小企業の場合、人手が限られているため総務的な業務に人を割くことがなかなか難しい。こうしたニーズに応えるため、経理をはじめとする総務関係業務の事業所向けサービスを行っているのが堀内睦《むつみ》税理士・司法書士事務所である。税理士・司法書士の堀内さんはじめスタッフ一同によるきめ細かいサポートは、「営業活動を最優先したいけれど総務の仕事も溜まっているし…」という駒ヶ根の中小企業経営者たちの悩みを解決し、地域の企業活動を支えている（図表7—10）。

堀内さんが「企業ドメイン研究会」に参加したのは、駒ヶ根地区がめずらしく大雪に見舞われた一九九七年から九八年にかけての冬のことであった。堀内さんは大学の法学部で学んだ後、東京の会計士事務所に勤めながら税理士の資格を取得し、帰郷して一九七八年に駒ヶ根市内で開業した。司法書士と税理士の仕事が半々だが、司法書士は商法改定時の増資案件や不動産登記など、その時々の経営環境変化に合わせて顧客も相談内容も変わってくるので、十分なキャリアが要求される。税理士の仕事は固定客がほとんどで、それらの顧客は堀内さんが開業以来地道に開拓してきたものである。

九〇年代後半からは、企業の総務・経理部門の別会社化やアウトソーシング（外部委託）化が進み始め、堀内事務所も市内の多くの企業の総務代行・アウトソーサーとしての役割を増していった。ここ一〇年ほどの間に多くの業界でこのようなアウトソーシング化が活発化した背景には、営業や開発・生産などコア・コンピタンス（競合他社に真似できない核となる能力）を担う部門に経営資源を集中させる考え方が主流になったからである。

多くの税理士・司法書士事務所は、一人の税理士がいくつも顧問先を持ち、細々と事業を行っている。しかし今日では企業・業界の多様化にともない、税理士事務所に要求されるサポート内容もより複雑化・多機能化している。一方で資格保持者の増加による競争激化、パソコンの普及とソフト開発による

図表7—10　堀内事務所の財務サービス（イメージ）

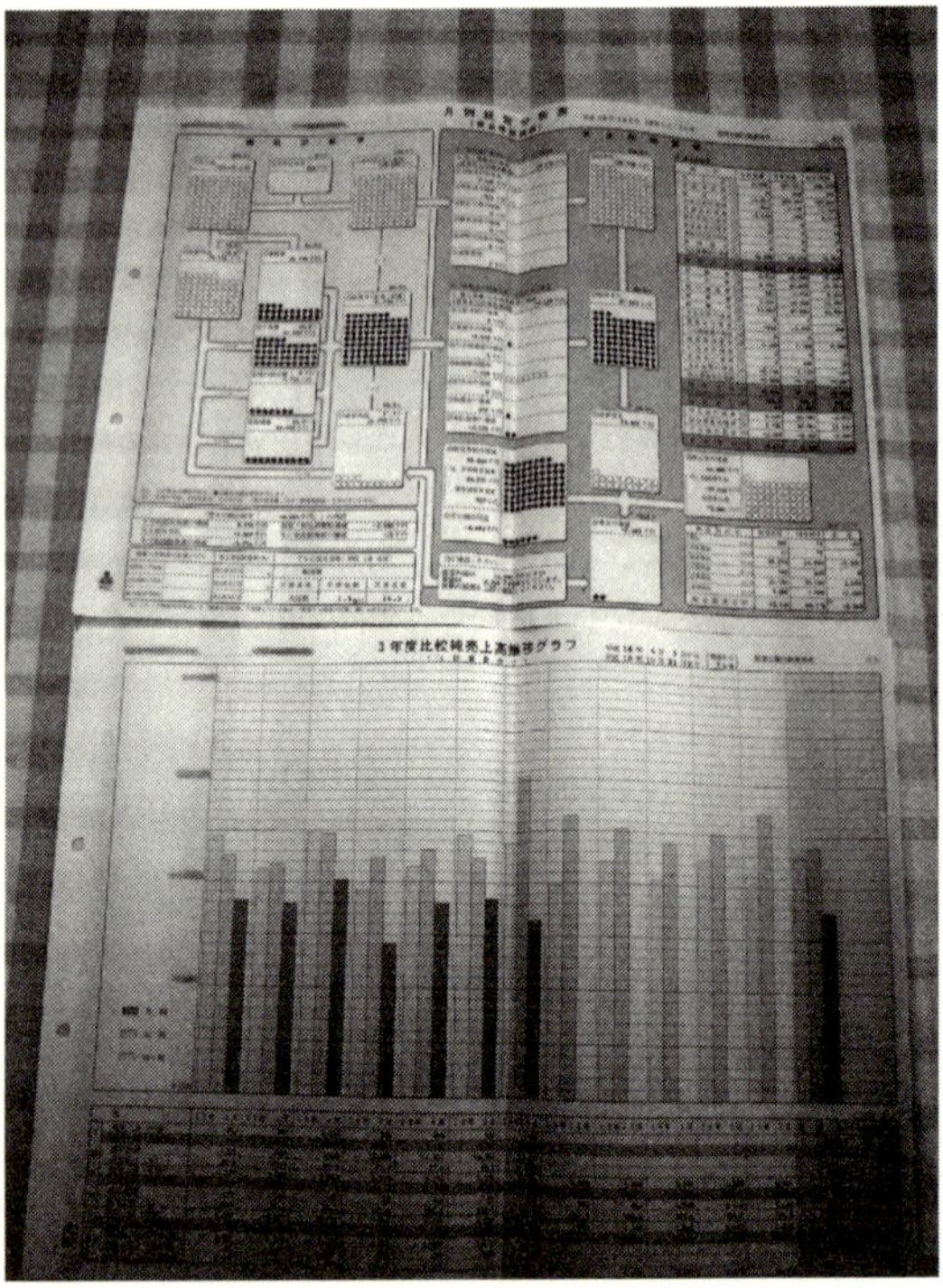

地域の中小企業を支えるため、財務を詳しく分析し、きめ細かな経営アドバイスを行う。

出所：同社提供資料

総務・経理業務の自社内IT化もあり、単なる代行サービスでは先細りは避けられない。経営者のさまざまな相談に応じる能力が求められているのである。たとえばワンストップサービス（必要な行政手続きを一度ですべて完了させるサービス）、総合事務所的発想（税理士、司法書士、社会保険労務士、ファイナンシャルプランナーなどの機能を兼ね備える）への移行が考えられる。また、いくら総合事務所と言ってもすべてをカバーすることは難しいから、所内で解決できない問題が生じればすぐに相談できる専門家ネットワークも必要になる。堀内さんは、顧客に「堀内事務所へ行けばすべて解決してくれる」という期待感・安心感・信頼感を持ってもらえるような事務所を目指している。

経営相談からオーナー会社の事業承継問題、OA化やITソリューション導入に際しての悩み等々、企業は生き物であり、年中さまざまな問題が起きる。税理士・司法書士事務所は、オーナー・経営者の、自社の将来を見通した上での相談事に的確に応じる必要がある。そして、一人の税理士・司法書士がすべてを背負い込む形ではなく、能力あるスタッフを複数揃えなければ事務所として成長しない。堀内事務所では、「若手を育てながらプロ集団としてサービスを提供すること」をドメインとしている。スタッフ一同、地域の会社が安心して事業活動に専念できるようにプロのサポートサービスを提供することで、事務所を育てると同時に地域も元気にしたいと考えている。

仕事の性格上、特に冬期（税務申告の時期）には忙しさのピークを迎え、日常の仕事に追われがちであるが、そのように仕事に振り回されてしまうとプロ集団としてのスキルアップと事業拡大は難しい。このあたりは今後の重要な課題になってくるだろう。堀内事務所では堀内さんの人柄と能力もあってスタッフの定着率もよく、きっとこの課題も着実に解決していくだろう。

地域参加する空気圧機器メーカー——株式会社コガネイ

駒ヶ根に本社はないものの、地域社会と積極的に関わっている企業も多数存在する。精密空気圧機器メーカーの**株式会社コガネイ**もその一つである。コガネイは駒ヶ根に主力工場を開設して以来ほぼ半世紀、多くの協力会社を育て、地元に貢献してきた。

コガネイは東京都千代田区に本社を持つ空気圧機器の有力メーカーである。一九三四年に株式会社山本商会として設立され、ドイツ製工作機械の輸入販売を始めた。その後東京都小金井市に工場を建設し(このの ち社名を小金井製作所と改称)、精密切削工具の製造販売を開始した。一九六一年に開設された駒ヶ根工場は、緑に溢れた広大な敷地の美しい工場公園となっており、地元住民にとっても憩いの場である(図表7—11)。

コガネイの主力製品である空気圧機器とは、空気をエネルギーに変え、動力として使えるようにする機械である。コガネイの空気圧機器は、生産の自動化・省力化を目的とした産業用ロボットや自動組立機のほか、医療や自動車分野などでも使用されている。身近なところでは、遊園地やテーマパークのアトラクションやからくり時計にも使われている。類似の製品に油圧や電気圧タイプがあるが、油圧は大きな動力を出せるものの油による汚染の懸念があるし、電気は漏電の恐れや構造がやや複雑というデメリットがある。特に汚染を極端に嫌う半導体産業にとっては、コガネイの空気圧機器は欠かせない存在である。

「企業ドメイン研究会」には、当時の取締役工場長の唐澤等さんと生産技術センター長の福澤祐司さ

図表7—11　地域との共存共鳴を図るコガネイ

コガネイ駒ヶ根工場は緑いっぱいの工場公園になっていて、春には桜を見に来る人も多い。グランドも有しており、春季はリトルリーグや近隣の子どもたちに開放している。

出所：同社ホームページ

んが参加された。お二人は、本社のドメインは共有しているものの、駒ヶ根工場独自のドメインが必要だという強い思いを持っておられた。唐澤さんらは、駒ヶ根工場の最大のミッションは生産の主力工場の役割を果たすことであるが、これを踏まえた上で工場も開発設計力を持ち、単品製造からユニット製造、システム機器製造まで発展させたいと考えていた。そこで、この「駒ヶ根工場発の製品を」という思いをビジョン＝ドメインとして設定した。

しかしもちろん、主力工場としての役割を強く認識し、業界最高品質、最適コスト、最短納期を目指し、スタッフたちは日夜研鑽を重ねている。研究会の当時は円高、海外との価格競争激化などで厳しい時期にあったはずだが、独自の革新プログラムを実施し、現在では収益も回復している。その革新プログラムの基本理念は「私たちのシステムから、きっと笑顔が生まれる」である。

駒ヶ根工場は企業理念として、「すぐれた創造性と迅速な行動力をもって変化に挑戦し、技術力・サービス力の向上を図り、活力ある社会の実現に貢献する」を掲げている。地域社会との関係についても、「私たちは、社会の発展なしに企業の発展はあり得ないことを強く認識し、社会との積極的な交流を通じて、ともに発展することをめざします」という理念をもっている。実際に地域参加の一環として「天竜川水系環境ピクニック」等の地域活動にも参画するなど、駒ヶ根の土地と人々に積極的に関わっている。今後は地域資源の活用も含め、「地域の力」を最大限生かしていくことが期待される。

コガネイは、本社は東京だが、事業と地域活動を通じて地元と共存共鳴する「駒ヶ根の会社」として根づいている。

地元の味を全国に発信――レストハウスこまがね（丸大食品工業株式会社）

「信州のなごみ処」として多くの観光客を集めるドライブイン、**レストハウスこまがね**は、地元の味を全国に発信する〝駒ヶ根発・味のセンター〟である（図表7―12）。本社はりんご並木で名高い飯田市にある**丸大食品工業株式会社**である。丸大は野沢菜漬を主軸とした漬物の製造販売のほかに観光事業も展開しており、イタカグループとして長野県南部の諏訪から伊那谷にかけて、レストハウスこまがねを含む五つの「信州野沢菜センター」（レストランと土産物販売のドライブイン）を経営している。飯田店、諏訪IC店、峠の本陣店では野沢菜漬の工場見学もできる。レストハウスこまがねは、中央道駒ヶ根インターチェンジから目と鼻の間に位置し、野沢菜づくしや信州牛、蕎麦など地元の味を楽しめるレストランと各種名産品を揃えた土産物店が売りで、駒ヶ根高原を訪れる観光客の人気を集めている。

図表7—12　信州の味を伝えるレストハウスこまがね

アルプスの風も爽やか、
高原のなごみ処。
駒ヶ根高原の雄大さを満喫し、
名刹光前寺の庭園を愛で
養命酒やワイン工場の見学を楽しみ
東洋一のロープウェイで行く
千畳敷カールまで。すべてここを拠点に。
信州野沢菜センター
レストハウスこまがね
レストランぴっくる

出所：同社ホームページ

野沢菜漬は、かつては飴色をした古漬けが珍重されたが、最近では鮮やかな緑色と歯触りの良さがトレンドとなっている。丸大はこうした顧客の要望に応え、豊富な品揃えで顧客や季節のニーズに合わせたテイストを提供している。（漬物は、一時期は「塩分ひかえめ」が食の主流となって敬遠され、苦戦したこともあったが、低塩や素材の生かし方などの創意工夫を凝らし、日本の伝統食の中ではかなり健闘している部類である。）

「企業ドメイン研究会」には、専務の位高宣明さんが参加された。丸大は一九六九年の創業で、主として当時急成長していたスーパーに漬物を販売していたが、付加価値アップを狙い業態を拡大した。その一つが信州への観光客を対象とした観光事業である。八二年、天竜川下りの観光客をターゲットに、飯田工場を大改造し、工場見学ができるドライブインにしたところ成功を収めた。その後八五年に諏訪IC店、八八年にレストハウスこまがねが開店した。旅行代理店とも提携して集客を行っており、手づくり・つくりたての新鮮な漬物が団体客、特に女性客に訴求力が高い。年間を通して工場見学サービスを実施するには、材料調達をはじめさまざまな工夫が必要になるそうだ。また丸大では観光事業の他にインターネットなどを通じた通販事業にも展開している。

レストハウスこまがねは、顧客ごとに異なるニーズに的確に対応している点も特徴である。大ホールのほかに店内に設置されたファーストフード・コーナーや、ファミレス形式の食堂「レストランぴっくる」があり、一人でも気軽に食事ができるように工夫されているのである。なお「レストランぴっくる」のメニューにはソースかつ丼も入っていて、「駒ヶ根ソースかつ丼会」にも参加している。

野沢菜漬をはじめ信州の郷土料理の味を極め、付加価値として工場見学によって製造現場を目に見えるようにしたことで、丸大のドライブイン経営は顧客の支持を得てきた。今後の成長の課題としては、団体旅行の減少と旅の個人化への対応、団塊世代の取り込みなどが鍵となりそうである。また、観光客だけでなく地元客にとっても魅力あるサービスを提供していくことも、次なる事業展開につなげていくための大きなポイントだろう。

長寿県・長野の伝統食を現代風にアレンジし、「伝統あるふるさとの味を、より多くのお客様に、美味しく楽しく召し上がっていただく」という丸大の基本理念に沿って、レストハウスこまがねは地元の味を全国に発信している。

終章　地域力とドメイン経営の共鳴

DOMAINDOMAINDOMAINDOMAINDOMAIND

ここまでの章を通じて、駒ヶ根で活動する「普通の会社」「普通のお店」のドメイン経営の実例を見てきた。これらの企業の重要な共通点は、駒ヶ根の「地域力」との共鳴を目指していることである。企業は地域の力に育てられ、地域も企業が伸びることで活性化する。そのためには企業同士が、また企業と地域が相互に影響を及ぼし合うことが有効である。お互いに成果や課題を見せ合い、刺激を受け合うことで、知恵や技術が練り上げられていく。「テクノネット駒ヶ根」はまさに、そのような風土を創り出すための場としてある。

本章では企業のドメイン経営と地域力との共鳴の重要性について触れ、本書全体のまとめとしたい。

DOMAINDOMAINDOMAINDOMAINDOMAIND

バブル崩壊後、日本の経済社会は長きにわたる混迷の時代に突入し、多くの経営者が苦渋を舐めてきた。信州伊那谷でも、平成以後断続的に襲う環境変化に、多くの大手エレクトロニクスメーカーが生き残りをかけて工場の海外移転を進めたり、事業の選択・集中などのリストラを行ったりした。その結果、周辺の協力会社のなかには業態転換ができずに倒産に至る企業も出てきた。「テクノネット駒ヶ根」の参加企業の中にも、残念ながら自主廃業に至った会社がある。しかし、駒ヶ根市全体でみると、この大不況の渦中で倒産は相対的に少なかった。

これは、おそらく地域の力、すなわち地元の企業同士が相互に支え合い、地元の資源とパワーによって活力を与えられるという状況の賜物ではないかと推察される。駒ヶ根の企業は、地域力に支えられてドメインを深耕することができ、その結果それぞれが生存戦略を見出し、それによって地域も活気づいているのである。

そこで重要なポイントとなるのは、企業同士が互いに刺激し合い、影響を与え合う関係である。生き残っている企業のすべてがもともと十分な強みを備えていたわけではなかったかもしれず、しかし互いの資源や長所や課題を学び合うことで生存力を高めることができた。同業者同士、あるいは異業種であっても、仲間同士で悩みや課題を共有し、解決策を講じていく。時には反発しあうこともあるだろう。依存しあったり傷をなめ合うのではなく、切磋琢磨する関係である。これこそ「テクノネット駒ヶ根」の目指すところであり、そこでそれぞれ多彩な個性を持つ経営者たちが議論する際の土俵になったのがドメインである。

地域力のベースとなる三つのC

ところで、「地域力」とは具体的にどのようなものなのだろうか。やや図式的になるが、簡単にまとめてみよう。まず地域力の最も核となる要素は「三つのC」、すなわちコミュニティ（Community）、ケア（Care）、コミュニケーション（Communication）として表現することができる。高度成長期以降、日本では都市、地方を問わず多くの地域共同体社会＝コミュニティが喪われた。その結果、それ以前は近所同士・地域内で共有し解決できていたさまざまな問題（ゴミの処理や町内の美化、子どもの教育な

図表終ー１　地域力をつくる３つのＣ

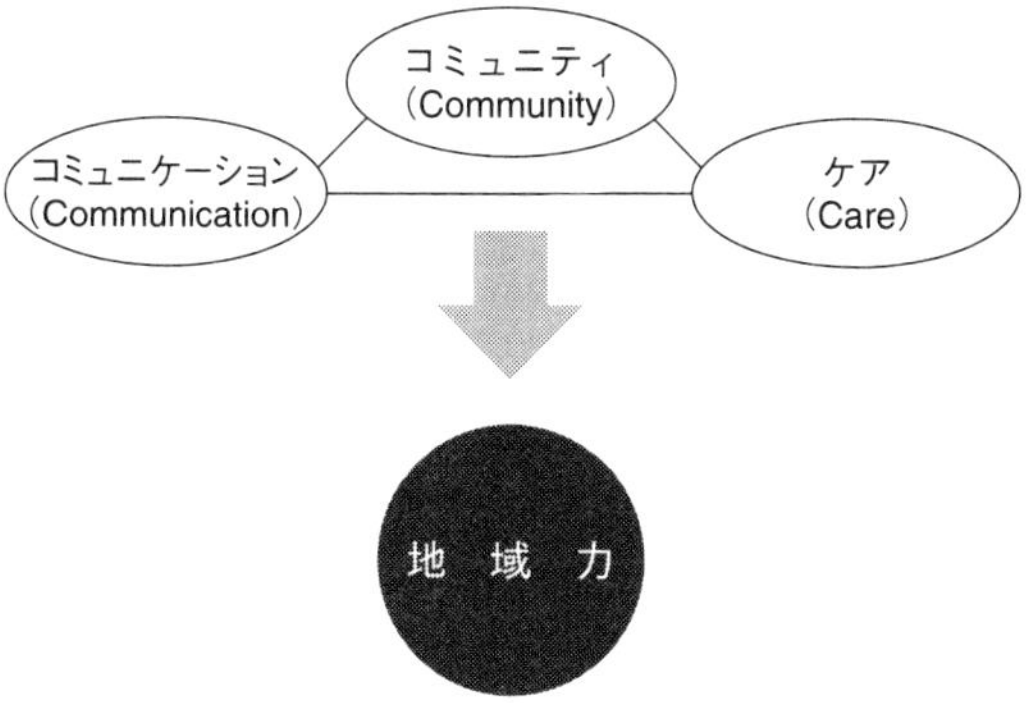

ど）が行政任せになってしまった。そのことが家族、隣人、他人に対する関心や気遣い＝ケアを失わせ、関心が持てないため互いのコミュニケーションがなくなる。この「三つのＣの喪失による悪循環」に加え、自分の会社・店が大事とばかりに周囲との関わり合いを持たなくなることで、地域の力が損なわれ、結果的に住民、会社、お店の元気を奪ってしまっている。伝統的なコミュニティ（ムラ社会）は確かにしがらみが強すぎる面もあり、「向こう三軒両隣」に気を使う必要のない都会の生活が好まれるのには一理あろう。しかし一方で、近所の会社や店が倒産しても何処吹く風、ひどい場合は隣家で人が餓死したり、子どもが虐待されていたり、殺人が起きたりしてもまったく気づかない、もしくは気づいても何もアクションを起こさないといった不気味な状況が生まれている。「三つのＣの喪失による悪循環」が、私たちの生存・活動・文化を蝕んでいることは紛れもない事実である。

マクロ経済の指標がいくら上がろうとも、一人ひとりが真に豊かな心で生きられないのなら意味がない。持続的なまちづくりのためには、「三つのＣ」をベースとした地域力の再生が不可欠である（図表終ー１）。

筆者の一人塩谷は、一〇年間駒ヶ根に通っているうちに、この地域では「三つのC」から構成される地域力が奇跡的に残っていることに気づいた。駒ヶ根の人々は、目先のことを一歩超えて、「この地でずっと生きていく」ために三つのCを大切にしている。だからこそ一〇年以上にもわたって、今日の飯のタネには到底ならない地道な研究会が続いているともいえる。

よく知られているように、駒ヶ根に限らず信州は全国的にみても自治的なコミュニティがまだまだ残っている地域である。長野県は天然資源にそれほど恵まれておらず、多くは山に囲まれ都心から隔絶された土地である。このことがむしろ密度の高いコミュニティをつくりあげ、ケアとコミュニケーションを活発化し（互いに気遣い、意思疎通し合わなければ生き残っていけない厳しい環境）、知恵を駆使してよく働くという風土と習慣を育てたのではないだろうか。また、現在では高速道路や新幹線などインフラの整備にともない、首都圏や京浜・中京地区へのアクセスも良くなってはいるが、至近というほどでもない。この「都心に近すぎず遠すぎず」というほどほどの距離感も、結果的には地域力に良い影響を与えているのかもしれない。

地域から逃げないこと、地域のために行動すること

根無し草的都会人から見れば、いわば一人ひとりが「生まれ育った地域を愛し、育てる」というドメインを明確に持っている駒ヶ根の人々は羨望の的かもしれない。都会に住んでいても、自分自身の「地域」を持ちたいと考え、地元の会社や店に勤務し、町内会や各種サークルに帰属することで土地に根ざしたアイデンティティを確立しようとしている人は大勢いる。しかし多くの場合、コミュニティに帰属

することの難しさを痛感するのではないだろうか。地域共同体とは、単に所属していればよいわけではなく、持続的にコミュニティ内の他者とコミュニケーションをはかり、ケアし合ってはじめて成り立つものである。ゆえに面倒で手間がかかるし、時には自分の思う通りに相手から評価されず落胆することもあるだろう。しかし、ひとの世話になり、次は自分が誰かを支えるという経験は、何ものにも代えがたい人間的な喜びを与えてくれるだろう。

駒ヶ根の企業経営者たちは、そうしたコミュニティづくりの苦難から逃げずに乗り越えて支え合い、影響を及ぼし合い、地域力を築いてきた。お互いに顔の見える仕事と活動を心がけ、いつも地域の人々に見られるようにする。その行動が人々に伝わり、噂され、時に真似されたり批判を受けたりする。そして、地域で活動しているかぎり、地域からは逃げられない。匿名性を特徴とする都会と違い、気が合わなくてもいやなことがあっても顔を合わさざるを得ない。だからこそ互いに気の置けない関係にもなれるし、たとえ喧嘩になっても破局には至らない。「テクノネット駒ヶ根」にしても、お互い貴重な時間、情報、お金を出し合って支え合っていることを痛いほどわかっているから、何とかして良い価値を生み出そうと頑張るので、腹を立てたり孤立したりしている暇などないのである。

第3章で詳しく触れた通り、「テクノネット駒ヶ根」は個別企業の人材育成力をアップさせることを目的としている。これは、人材が育ち、それによって企業が育つことが地域の活性化につながるという信念に基づいている。この「テクノネット駒ヶ根」の基本方針、ひいては駒ヶ根地域全体にまで多大な影響を与えたのが、初代代表幹事の芦部次郎さんの「地域第一主義」の行動であった。芦部さんは自社や自分のためではなく、地域を元気づけるために自らの時間、労力、お金を費やし、駒ヶ根の地域力を強めようとした。産業界を取り巻く厳しい状況の中、自社利益だけを考えていてはいまや生き残りは難しい。地域力を鍛えてこそ、自社も成長し、住民も幸福になる。このことを芦部さんは誰よりも深く理解されていたのだと思う。芦部さんの遺志は確実に受け継がれ、こうした利他的な行動は「テクノネット駒ヶ根」のすべての参加企業の経営者に共通する姿勢となっている。このことが、「企業力アップ→地域力アップ→企業力アップ…」の駒ヶ根の好循環を生み出しているのである。

駒ヶ根の他にも諏訪・岡谷地域や、東京都大田区、群馬県太田市、大阪府東大阪市など中小企業の集積地は、企業数は減少しているものの、日本の産業界において揺るぎない地位を保っている。それは、もちろん個々の企業の努力もあるが、こうしたまちがそれぞれ独自のコミュニティ力、地域力を有しているからではないだろうか。

ドメイン経営と地域の未来

前にも述べたが、「テクノネット駒ヶ根」の活動によって、駒ヶ根における「ドメイン」という用語の浸透度は他の地域に比べてかなり高くなっている。「企業ドメイン研究会」に参加したある二代目経営者は、ドメインの重要性を認識し、所属する駒ヶ根商工会議所の青年部でドメインに関する勉強会を独自に開いた。その後ドメイン策定シートを自分たちでアレンジするなど、自主的にドメインに取り組んでいる。こうした一人ひとりの経営者によるアクションは「テクノネット駒ヶ根」の大きな成果の一つである。

駒ヶ根ではこのようにドメイン経営が浸透し、本書各章で述べてきたように、各企業・店は独自のドメイン深耕によって、地域と共存共鳴し、前進を続けている。それぞれの企業は、経営の自立性、自社の歴史に学ぶ姿勢、顧客評価を真摯に受けとめる姿勢、「やりたいこと」を経営の軸に据えていることなど、さまざまなドメインの特徴を有している。しかし最も大きな共通点は、「地域と共鳴するドメイン経営」を、当たり前のこととして追求している点である。

今後はもちろん、地域力を高めつつ個々の企業がより成長し、それによってもっともっと良いまちを創造してゆく、そのようなダイナミックなうねりをいかにして生み出していくかが駒ヶ根の大きな課題である。しかしまずは足元を見よう。最後に、個々の企業がドメイン経営をより深めていくには何が必要か、一つだけポイントを挙げておきたい。

ドメインの実現には「継続」が鍵となる。本書の中で、たびたび「ドメインをことあるごとに語ろう」「いつでもドメインを頭の中に」といった主旨のことを述べてきた。しかし、これは決して「すぐドメインを実現するために毎日必ず考えよ」ということではない。ドメインが本当に形をなすまでには、一年か五年か一〇年か、場合によってはもっと多くの歳月が必要になるかも知れない。だから、性急に考えないこと、短期間での実現を目指さないことが肝要である。卑近な話だが、ビジネスマンがメタボリック症候群を解消するためジム通いするケースを例に考えてみよう。ただちに脂肪を取りたいからといって、仕事帰りに毎日欠かさずジムに行こうなどと考えれば、よほど時間的・体力的余裕のある人でない限り、すぐ疲れたり飽きたりして三日坊主が関の山である。長い目で見れば、自分の体とスケジュールに無理のない範囲で長期間続けることが有効であることは、誰しもすぐ理解できるだろう。ドメインも同じである。最初は毎日ドメインについて何かやろうとせずに、思い出したときだけ、または気になったときだけ、ドメインを口にしたり、考え直したり、紙に書いたり、社員や取引先に話したりすればよい。それが仮に一か月に一度であっても、一年では一二回にもなり、一〇年で一二〇回、二〇年続ければ何と二四〇回である。しかも、人と会うのが重要な仕事である経営者にとっては、その気になればドメインを語る機会は一月に一度といわず、自然と何度も生まれてくるはずである。そして、一年間に行ったドメイン検討の内容を記録につけておき、年ごとに見返せるようにしておくとよい。

地域に根づいた企業のドメイン経営が地域力をアップさせ、元気になった地域がまた企業を育てる――この駒ヶ根発・ドメイン経営の好循環が、全国に広がることを願ってやまない。

資料

駒ヶ根市のプロフィール

概要

駒ヶ根市は、長野県南部（南信）、天竜川沿いに南北に延びる伊那谷盆地の中央部に位置する面積一六五・九二平方キロの都市である（図表資—1）。西に中央アルプス（木曽山脈）、東に南アルプス（赤石山脈）を望むところから、「アルプスが二つ映えるまち」を市のキャッチフレーズとしている。幹線道路としては国道一五三号線、鉄道の中心駅は市の中心部を南北に走るJR飯田線（愛知県豊橋～長野県岡谷）の駒ヶ根駅である。一九七五年の中央自動車道開通により、伊那谷の中核都市と

図表資—1　駒ヶ根市の位置

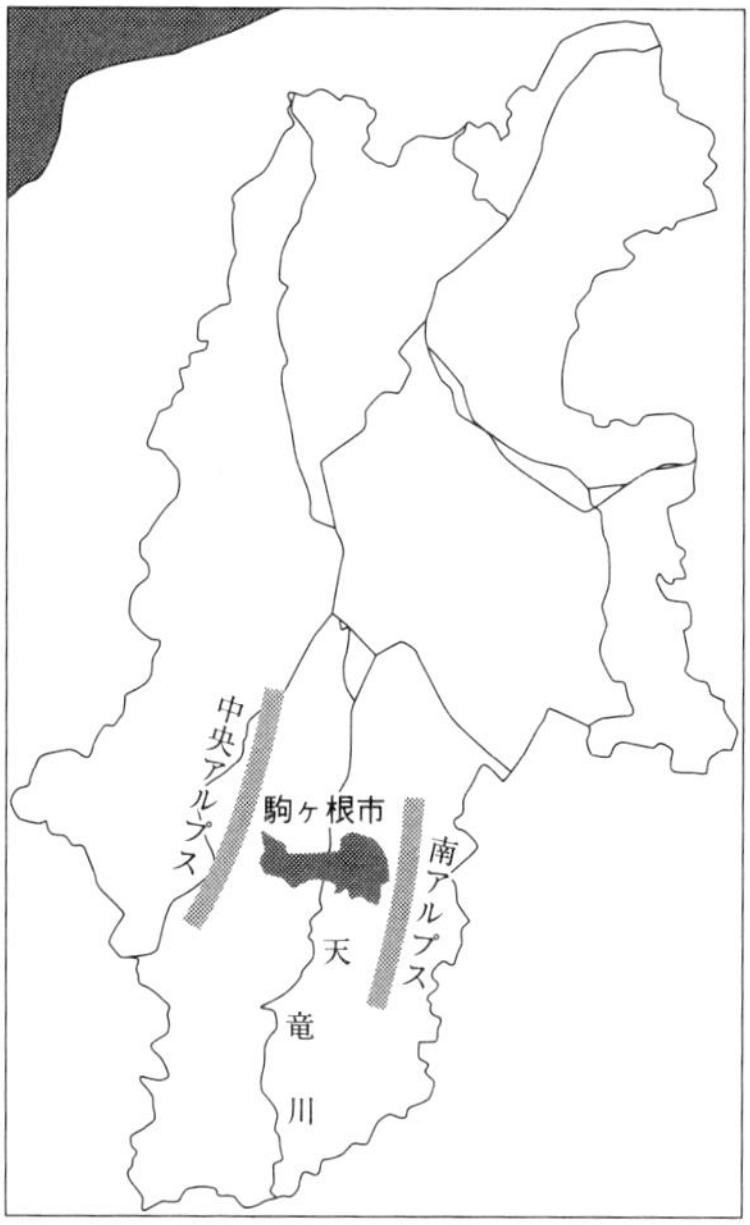

して飛躍的に発展を遂げることになった。さらに一九八二年には中央自動車道西宮線が全線開通し、首都圏・中京圏へのアクセスがさらに改善された。

自然と観光　二つのアルプスや流域面積全国一二位（五〇九〇平方キロ）の天竜川がもたらす豊かな自然の景観は、年間一二〇万人の観光客を集める重要な観光資源ともなっている。中央アルプスの麓に広がる駒ヶ根高原、なかでも木曽駒ヶ岳（標高二九五六メートル、日本百名山の一つ）直下の通称「千畳敷カール」（カールとは二万年前の氷河期に氷で削り取られたお椀型の地形）は、高山植物の宝庫として多くの登山客を集める。千畳敷カールまで登る駒ヶ岳ロープウェイは日本初の山岳ロープウェイで、頂上付近からは富士山をはじめ南アルプス連峰、御岳山、乗鞍岳、北アルプスに至る雄大な景色が一望できる。そのほか観光名所としては、駒ヶ根高原早太郎温泉、しだれ桜で有名な天台宗の名刹・宝積山光前寺などがある。

気候は内陸性の特性を帯び、気温の日変化・年変化が大きいが、冬の降雪量は山岳部を除き少ない。年間で晴天日数が六割以上を占め、年間降水量も全国平均に比して少なく、全体的に温和な気候といえる。

人口・世帯　市の人口は三万四四一七人、世帯数は一万二〇三五を数える（二〇〇五年国勢調査）。一九九五年から一〇年間の増加率を見ると、人口は二・四％増、世帯数は一五・五％増である。一九六五〜二〇〇五年の四〇年間で見ると、人口一・二倍増に対し世帯数は約一・九倍増と、核家族化の進行にともない世帯数の増加が目立つ。人口構成は、年少人口一五・一％、生産年齢人口六〇・五％、高齢人口二三・五％である。高齢人口の割合は全国平均に比べ四％弱高く（二〇〇五年国勢調査）、合計特殊出生率は一・五七と全国平均より二・八％高い（二〇〇四年駒ヶ根市統計）。

まちの歴史　幕藩時代には二三の村落が存在していた。一八七一年の廃藩置県、七四年の筑摩県権令の勧奨指導を経て、一八七五年、赤須村と上穂村が赤穂村、中沢八ヶ村が中沢村、東伊那五ヶ村が東伊那村としてそれぞれ合併された。一八八二年、下平が赤穂村から分離独立するが（下平村）、八九年の町村制施行で再び赤穂村に合併された。一方、東伊那村は一八九八年に村名を変更して伊那村となった。

一九三八年以降、町制への機運が高まり、四〇年に赤穂村が町制へ移行した。さらに一九五三年には町村合併促進法が施行され、市町村合併が国家レベルで進行することとなった。適正規模町村の基準を人口八〇〇〇人として国や県の積極的な行政指導が始まり、町村合併促進協議懇談会が発足、各町村では町村合併対策審議委員会等の合併研究会が設置され、徐々に準備が進められた。伊那谷地域では四ヶ町村（赤穂町、中沢村、伊那村、宮田町）の市への合併統合が焦点となっていった。各町村で住民大会が開かれるなど住民運動も活発化し、一九五四年、各町村議会で合併が決議された。しかし、急激な合併促進に対して自立志向の強い宮田町民が反発し、深刻な対立を生んだ。そこで宮田町の意向をふまえ、解決策として「市制施行後分離」を前提に、一九五四年七月一日「駒ヶ根市」が誕生した。その後五六年に宮田村が分離し、分市紛争が収束して今日に至っている。

平成の大合併の際には、二〇〇五年、隣接する飯島町、中川村と合併しての新しい市づくりを模索したものの、住民投票で反対多数となり合併は断念した。

産業構造の現状と変遷　就業人口は一九五〇年代中盤以降七〇年代まで急速な増加を見せ、七三年のオイルショック後の不況により一時的に減少したものの、八九年に一万八〇〇〇人台、二〇〇五年の国勢調査時には一万八八六八人と、厳しい経済環境を乗り越え漸増している。

二〇〇五年の業種別人口割合は、第一次産業八・八％、第二次産業四〇・四％、第三次産業五〇・七％となっている。うち製造業は三一・五％で、就業人口の三人に一人は製造業に携わっていることになる。産業別市内総生産額からみても製造業の割合が高く（図表資―2）、製造業は駒ヶ根市の経済活動の中核を担っている。二〇〇四年の生産販売額（工業出荷額・商品販売額・農業粗生産額・観光消費額）は、総額で二一〇三億円であり、内訳は工業一三六一億円、商業六二七億円、農業六二億円、観光業五三億円となっている。

一九〇〇年の統計を見ると、農業では稲作と養蚕が非常に盛んであり、その他には葉たばこや藍の生産が行われていた。工業は生糸、日本酒製造が主軸で、特に製糸業（紡織工業）は大正から昭和半ば頃にかけての地域産業の牽引役であった。製糸業は太平洋戦争後も龍水社を中心に盛んであったが、これに次いで一九三五年頃から勃興した製材・木製品製造業が戦後復興を担う主要産業として活発化した。また配給制度の緩和により食料品業も多く設立された。さらに、戦時中に疎開してきて戦後もそのまま残留した電気機械器具、精密機械器具、化学工業などの製造工場が生産を再開し、新興工業として中核を担うようになっていった。

図表資—2　駒ヶ根市の産業別市内総生産額

（単位：1000円／％）

区分	総生産 01年度	総生産 02年度	対前年度 増加率	構成比 01年度	構成比 02年度
第1次産業	2,425,678	4,087,262	68.5	1.77	3.28
農業	2,290,060	3,974,525	73.6	1.67	3.19
林業	135,618	112,737	△ 16.9	0.10	0.09
水産業	0	0	0.0	0.00	0.00
第2次産業	64,226,049	46,681,437	△ 27.3	46.95	37.45
鉱業	21,600	83,608	287.1	0.02	0.07
製造業	52,288,259	35,352,471	△ 32.4	38.23	28.36
建設業	11,916,190	11,245,358	△ 5.6	8.71	9.02
第3次産業	76,848,983	80,322,963	4.5	56.18	64.44
電気・ガス・水道業	3,335,737	5,695,309	70.7	2.44	4.57
卸売・小売業	7,500,807	7,579,977	1.1	5.48	6.08
金融・保険業	7,292,750	7,751,278	6.3	5.33	6.22
不動産業	17,305,836	17,582,587	1.6	12.65	14.11
運輸・通信業	4,979,655	4,737,677	△ 4.9	3.64	3.80
サービス業	24,978,411	24,972,988	0.0	18.26	20.04
政府サービス生産者	9,129,474	9,530,788	4.4	6.67	7.65
対家計民間非営利サービス生産者	2,326,313	2,472,359	6.3	1.70	1.98
小計	143,500,710	131,091,661	△ 8.6	104.91	105.18
（控除）その他・帰属利子	6,710,426	6,451,274	△ 3.9	4.91	5.18
市内総生産（市場価格表示）	136,790,284	124,640,387	△ 8.9	100.00	100.00

一九五六年、市は農業経済を守りつつも工業の振興が今後の経済発展には不可欠として、広大な面積（当時県下一三市中第二位）を生かし工場誘致策に乗り出す。工場誘致条例が策定され、一九七〇年の条例廃止までには、高度経済成長の好景気も手伝い延べ六四工場が誘致され、工業発展に一定の役割を果たした。また、条例策定当初は、中・高卒業生の就職希望者の八割以上が県外工業地帯や大都市に職を求め転出する傾向にあったものが、一九七〇年には逆に地元就職率が七割にのぼった。

その後、時代のニーズに対応して主要製造品目に多少の変化はあったものの、駒ヶ根の工業は全体として右肩上がりに成長を遂げてきた。しかし平成バブル以降、徐々に事業所数、従業者数、製造品出荷額は減少傾向を見せ、特に事業所の減少は顕著で一九六〇年代水準にまで減ってきており、製造業の生き残りの難しさを物語っている。しかしながらバブル後の企業誘致が成功し、一九九九〜二〇〇五年までの六年間に県内外から合わせて一五の企業が新たに進出し、多様な産業集積が再び形成されつつある。

地域活動と地域力　「小さな政府」化と地方分権推進の流れのなかで、「自助努力」による自治体運営がいわれ、従来の行政主導の「公=官」サービスに依存しない「新しい地域公共領域」の形成がしきりに謳われている。一方でこうした政府サイドの「公共」概念とは別のところで、市民、NPOなどの非政府・非営利組織、民間事業者など多様な主体が対等な立場で協働・連携し、適切に役割分担をしながら「公共領域」をともに担っていこうとする動きも見られる。しかし戦後の地域共同体（コミュニティ）の崩壊は著しく、地域に根ざした公共領域の形成が極めて難しいのが日本の現状である。この点駒ヶ根市では「向こう三軒両隣」程度の小単位をはじめとする自治組織が比較的残存しており、住民主体の公共領域の形成に有益な特質を有しているといえよう。

たとえば駒ヶ根市では地域を母体とした福祉活動が盛んである。全国的に話題となった「こまちゃん宅福便」は、駒ヶ根市社会福祉協議会と地域住民によって行われている生活支援サービスで、介護保険等の公的制度ではカバーしきれない部分を住民同士で補い合う有償のボランティア活動である。買い物や調理などの家事から外出介助まで、高齢者に限らず市民なら誰でも、一時間八〇〇円（二〇〇七年現在）の料金でサービスを受けることができる。

また、市内に存在する長野県立看護大学や青年海外協力隊訓練所を中心に独自のボランティア活動や国際交流・国際協力活動も行われている。そのほか郵便局や銀行、一般企業もそれぞれの事業分野を超えた地域貢献活動を行っており、これら公共サービスの多様な担い手の存在は、地域を主体とした新しい公共領域の形成に重要な役割を果たしている。

近年NPO団体も増え、現在は把握されているだけでも一六団体が存在する。主として福祉活動を目的とする団体が多いが、他にも子育て、芸術、環境など多様なテーマを持ったグループが活動している。

駒ヶ根市は、「住みよさ」「福祉度」「子育て指標」「転職適地」などさまざまな住環境指標で常に上位にランキングされている。特に東洋経済新報社が全国七八〇都市を対象に毎年行う「全都市住みよさランキング」では、二〇〇六年に第二四位にランクインしている。この調査は安心度・利便度・快適度・富裕度の四つの視点から一六の指標を採用し評価を行うもので、駒ヶ根市は安心度と利便度が高く評価されている。初年度（一九九三年）には見事一位を飾り、その後も常に上位に位置しており、駒ヶ根の「地域力」を示す一つの指標として特筆すべきであろう。

あとがき

「テクノネット駒ヶ根」が本格始動してから一〇年を越え、いよいよ私たちの試みも新しいステージに入った。本書の刊行にあたり当時を振り返ってみて、皆さんに尻を叩かれながら会を立ち上げた当時のさまざまな思いがよみがえってきた。

一〇年前に駒ヶ根市が行っていた産業振興策といえば、融資の斡旋や補助金の交付が主体であった。まるでそれさえやっていれば企業の支援になるというような雰囲気があったことは否めない。そのような状況の中で「テクノネット駒ヶ根」は発足した。そしてそれ以来、決して空虚なお題目でない、真の「民・官協働」を目指して、産業界が主体的に地域の振興に意を注ぎ、行政はその支援に努めるというスタイルを貫いてきた。思い起こせば、「前例重視」という役所的な考え方に反する初めての試みで、試行錯誤の連続だった。事務局を任された私たちは始終怒られ、悩み、半べそをかきながら必死でついてきた。ここまで来られたことがほとんど奇跡に近いことに思われ、感慨深い。

「テクノネット駒ヶ根」の推進理念の一つは、「まずは元気な会社やお店がさらにがんばることで他の企業を牽引し、地域全体を元気良くしよう」というものである。実は、私自身は発足当初、この理念に少なからず違和感を持っていた。というのは、市の職員である私の立場からすると、「勝ち組」をさらに勝たせることになりかねない姿勢、「産業振興をはじめ諸施策においては遍く平等に」という「公」の理念に反する優勝劣敗の考え方なのではないか、という疑問が拭えなかったからだ。

しかし、実際に会が発足して参加企業が動き出すと、ある企業だけが得をするのではなく、周辺にも雇用や受発注が生まれ始めた。これには正直驚いた。結果的には成果を得た企業が他企業を支援するといった形で、地域内での経済循環が少しずつ良くなっていったのである。

「テクノネット駒ヶ根」がスタートした一九九六年当時は、中小企業基本法の改正論議が始まった時期でもある。高度成長期に作られたこの法律は、「企業間における生産性等の諸格差の是正」を理念として作られたものだが、市場中心主義が蔓延し始める一九九〇年代にあってはその理念は薄れ、「個別企業の自主的努力を支援」する法律へと姿を変えることになる。「テクノネット駒ヶ根」は、企業の自主努力と協働、それによる地域の振興という点でその一歩先を歩み出していたと言える。その取り組みは、企業と地域社会が共に発展していこうとする画期的なアクションとして、多くの関係者から評価されることとなった。

ありていに言うと、私は最初の頃はなぜ「ドメイン」が大事なのか、本当の意味はよくわかっていなかった。というのも、行政機関や商工会議所でよく作成されている総合計画ないし事業計画のようなものとしてしか理解していなかったからである。いうなれば、当時の私はこの「ドメイン」という言葉に込められている「魂」を感じ取ることができなかった。参加企業の経営者の方々がいくら新鮮なドメインを案出し、それに基づくビジョンを立てたところで、しょせん美辞麗句の羅列、額縁程度にしか思えず、なぜこんな事業にそんなにお金と労力をかけるのか不思議ですらあった。

ところが、皆さんと具体的なドメイン策定を行っていくにつれて、そのような自分の不明を恥じることになる。本文で述べたように、「企業ドメイン研究会」では、各企業が自社の経営資源や創業以来の歴史の「棚卸し」をし、経営戦略を見直した上でドメインの検討を行う。この取り組みの中で、たとえば別々の企業が意外な価値観を共有していたり、互いに学び合えることが予想を超えて多かったりという発見があった。まさしく温故知新という言葉通りであった。また、こうした発見や発想をベースに、各企業が未来の目標に向けていま何をなすべきかを議論するわけだが、それらが一つひとつ「自分の言葉」で語られてゆくことにも改めて驚いた。大人というものはある程度の知識を持っているから、何かを表現する際についつい流行りの言葉を選び、格好をつけたがるものだが、そのような飾りや美辞麗句はむしろドメインには必要なかった。自社の現実を直視し未来への道筋をつけるためには、自分の知恵を自分の言葉で表現すれば十分であり、また、自社の領域設定を借り物の言葉で唱えることは自分を見失うことにつながるのである。

「企業ドメイン研究会」では、議論のたびごとに、経営者の皆さんのご苦労や経験、そして深い思慮に感激し、多くを教えられた。あの時に感じ、今も感じていることは、ものごとにはいつでも「思い」が込められていて、その思いが深まれば深まるほど価値を増し、それらが組織の内外でより広く共有されたとき、人や企業は真の底力を発揮するということだ。この「思い」をベースにしつつ、ドメインというブレない軸足を決め、それに基づいた意思決定や行動を続けることができれば、人や企業は路頭に迷うことはない。その意味でドメインはすべての出発点であるといえるだろう。

この一〇年を通じて、ドメインという、人・企業・地域の核となる大切な概念を知ることができた駒ヶ根地域は、未来への希望を手に入れたといっても過言ではない。自分はどこの誰で、昔はあんなこともしたけれど、今はこんなことをしていて、将来は新たにこんなこともしてみたい。あるいは、自分にはこんな強みと弱みの特徴があるけれど、それをどのように生かし、あるいは克服すれば、夢や希望を手にすることができるだろうか。「企業ドメイン研究会」ではこうしたシンプルで、しかし企業と地域の発展にとって最も重要なことがらを愚直に考え続けてきた。このような普通で、単純で、しかし一番重要なことがらをしっかりと考えることのできる企業がたくさん存在する地域は、人びとの「思い」に溢れ、安定した経済・雇用を擁し、しっかりと確立された産業基盤を持つ「普通の住みよいまち」として、さらなる福を呼び込めるに違いない。

「テクノネット駒ヶ根」の事業目的の中心は人材育成にある。しかし、駒ヶ根における人材育成は、誰かが誰かを育てる「教育」というよりはむしろ「共育」である。地域の人や企業が互いに学び合い、共に育つことができれば、そこに持続可能な地域が生まれ、「地域力」は増していく。

地方分権構想に基づく平成の大合併期を経て、自治体改革の波はまさにこれから本格的に地方小都市に及んでいくであろう。その中で、決して豊かとは言い難い人口三万四〇〇〇人余の駒ヶ根市は、真に豊かなまちづくりを目指してドメイン経営に全力を注ぎ、さらなる活力を生み出していく必要がある。「テクノネット駒ヶ根」はその重要な推進役、「地域元気力製造請負集団」として、いまだ重大な責任と使命を帯びている。

「地域を愛する」などと言うと、大仰で気取った物言いに思われるかもしれないが、本気で愛を持たなければ地域の活力は維持できない。これからは、地域を愛する人が一人でも多いまちこそ、生き残り、発展していくものと信じたい。ただしその愛とは、偏狭で利己的なものではなく、お互いが支え合う愛でなければならない。皆が共感できる地域への愛、夢や希望、すなわち「地域ドメイン」をどう描くかによって、そこに生きる人びとや企業の幸せの形が決まっていくのである。

本書の内容は駒ヶ根で蓄積された一〇年間の取り組みがベースとなっている。その蓄積は、「テクノネット駒ヶ根」の参加者、講師を務めた筆者の一人塩谷氏、事務局メンバーが、定例ミーティングや時にはお酒の席で、昼夜を問わず議論してきたことの成果である。もちろんそれは、明確に数字化・具現化するものとは限らず、「思い」という形のないものである場合も多い。しかし、本書の第4章から7章までに紹介した参加企業の「思い」は、いまだ薄れることなく、それぞれの企業活動のベースとなっている。皆さんがこれらの「思い」を変わらず抱き続け、元気な会社、元気なお店として、駒ヶ根でいつまでも活躍されることを心よりお祈りしたい。

本書が完成に至るまでには、「テクノネット駒ヶ根」の参加企業の皆さん、代表幹事の山下善廣氏をはじめ幹事の皆さん、駒ヶ根市内外の企業の方々、商工観光課の上司、同僚、家族など、多くの方々のご支援とご助力を得ました。ここに深く感謝の意を申し上げます。そして何より、初代代表幹事の故芦部次郎さんが私たちに注ぎ込んで下さった「地域への思い」がなければ、「テクノネット駒ヶ根」とこの本は存在しなかったと思います。私たちに勇気と機会を与えて下さった芦部さんに、心より御礼を申し上げます。

二〇〇七年五月

著者の一人として　小原昌美

著者紹介

塩谷未知《しおやみち》

1951年　北海道大樹町に生まれ，栃木県那須烏山市で育つ。

1976年　北海道大学大学院農学研究科修士課程修了後，国際稲研究所，総合化学メーカーを経て，現在株式会社価値総合研究所取締役。著書に『「カゴメ」21世紀への飛躍』（共著，日本能率協会），『経営再構築時代の企業ビジョンのつくり方』（実務教育出版），『生物学に学ぶビジネス戦略』（実務教育出版），『中小企業のための戦略的ホームページの作り方がわかる→できる』（ビジネス社），訳書にジム・マッキャン『インターネットで花束を！』（ダイヤモンド社）などがある。

小原昌美《こはらまさみ》

1969年　長野県駒ヶ根市生まれ。

1990年　東京経済大学を卒業後駒ヶ根市役所入庁。企画財政課・教育委員会を経て，1997年以降，産業振興部商工観光課に5年間配属。その後，介護保険関連課を経て，現在再び商工観光課で「テクノネット駒ヶ根」の事務局を担当。共著書に関満博・横山照康編『地方小都市の産業振興戦略』（新評論）などがある。

地域を育てる普通の会社　（検印廃止）

ドメイン経営／地方小都市からのメッセージ

2007年6月20日　初版第1刷発行

著　者　塩谷未知
　　　　小原昌美

発行者　武市一幸

発行所　株式会社　新評論

〒169-0051　東京都新宿区西早稲田3-16-28
http://www.shinhyoron.co.jp

電話　03（3202）7391
FAX　03（3202）5832
振替　00160-1-113487

落丁・乱丁本はお取り替えします
定価はカバーに表示してあります

装　丁　山田英春
印　刷　新栄堂
製　本　清水製本プラス紙工

ISBN 978-4-7948-0734-2

Printed in Japan